동양 미학과 한국 현대미학의 탄생

캉유웨이, 야나기, 고유섭

인물세계철학 1

동양 미학과 한국 현대미학의 탄생
— 캉유웨이, 야나기, 고유섭

인쇄 1쇄 인쇄 2022년 10월 20일
발행 1쇄 발행 2022년 10월 30일

지은이 | 정세근
펴낸이 | 김태화
펴낸곳 | 파라아카데미 (파라북스)
기획편집 | 전지영
디자인 | 김현제

등록번호 | 제313-2004-000003호
등록일자 | 2004년 1월 7일
주소 | 서울특별시 마포구 와우산로29가길 83 (서교동)
전화 | 02) 322-5353 팩스 | 070) 4103-5353

ISBN 979-11-88509-61-4 (04100)
SET   979-11-88509-60-7 (04100)

* 파라아카데미는 파라북스의 학술 전문 브랜드입니다.

* 값은 표지 뒷면에 있습니다.

* 이 책은 한국출판문화산업진흥원의 '2022년 인문 교육 콘텐츠 개발 지원 사업'을 통해 발간된 도서입니다.

동양 미학과
한국 현대미학의 탄생

정세근 지음

캉유웨이

캉유웨이는 외세에 시달리는 중국을 목도하고 있었다.
지도자들의 문란함, 문화의 방만함, 정치의 우유부단함.
학자들의 태만함을 넘어설 방도 가운데 하나는
글씨체를 바꿔 쓰는 것이었다.

야나기

야나기는 정말로 조선을 사랑했다.
신랄 그 서면이 구두에 부인두 알지
못한 채 식민지의 망령이 들어갈 수는
있을지라도 그는 조선의 백자,
작가 없는 예술, 평민성을 사랑했다.

고유섭

고유섭은 아름다움만이 아니라 힘도 바라보았다.
그가 만난 웅혼한 탑 속에서 그는 조선의 기백을 찾았다.
슬프지만은 않은 힘찬 조선의 아름다움이었다

파라아카데미

1980년대 유학을 떠나기 전에 해직교수 신분이었던 조요한 선생님 댁에 들렀다. 우리나라 사람으로 『예술철학』을 처음으로 쓰신 분이다. 미학도 아니고 예술학도 아닌 '예술철학'이라는 이름을 내세운 것은 추상적인 미학과 구체적인 예술학의 조화를 꾀하기 위함이었다. 10년 동안 동양 미학을 해보겠다는 말에 선생님은 대뜸 "아냐, 그리 오래 할 필요 없어. 5년만 해도 돼."라고 말씀하셨다. 아직도 왜 그런 말씀을 하셨는지 모른다. 늘어지지 말고 집중해서 하라는 것인지, 미학이라는 것이 의외로 분야가 넓지 않아 시간을 그렇게 투자할 필요가 없다는 것인지. 내 기억에 뚜렷이 남은 것은 그분의 집에 있던 세로로 길쭉한 창이다. 위아래로 좁게 뚫린 창이 참으로 멋있었다. 바깥 풍경을 들이면서도 안은 밖으로 내주지 않는 안정감이 있었다. 나도 집을 지으면 이런 창을 갖고 싶다는 생각을 했다.

조요한 선생님은 대학 때 김환기 화백의 집에서 유숙했다. 어찌되는 관계인지는 모르지만, 그리스 철학을 전공하신 그분이 예술철학에 관심을 갖게 된 동기가 거기에 있었다. 그러면서도 한국미에 대해 늘 말하고 싶어 했다.

나도 그랬다. 그래서 30년 전에 '한국성미술연구회'를 만들어 초창기부터 어울려 다녔지만 속 시원한 결과는 만들지 못했다. 그때부터 고유섭을 말하고 야나기를 떠들었으니 참으로 오래된 빚이다. 누구는 언제 적 이야기를 아직까지도 써먹느냐고 타박한다. 부끄럽다. 아직도 난 고유섭에 대해 제대로 말하고 있지 않다. 나의 꿈 가운데 하나는 『고유섭 평전』과 『고유섭의 한국 미학』을 쓰는 것이다. 아직도 이루지 못했으니 고유섭 선생에게 미안하고 송구할 따름이다.

김환기 화백은 조선백자를 서양식 재료에 담았다. 그의 항아리 사랑이다. 추상화라면서 항아리라는 구상이 툭툭 튀어나온다. 그는 왜 달항아리에 빠졌을까? 태피스트리tapestry의 추상과 달 항아리의 깊은 심연은 어떻게 만날 수 있었을까? 그리고 그는 무엇을 조요한 교수에게 건넸을까?

나는 '장자莊子 미학'으로 석사논문을 썼다. 지금 생각하면 겁도 없이 덤벼든 것이었다. 새로운 분야였고 참고할 만한 자료도 몇 권 되지 않았다. 그러나 장자가 보여주는 감정의 호방함, 문학적 은유, 예술적 경지는 여러 사람과 함께할 만한 것이었다. 논문은 동양 산수화의 심미적 원형을 장자를 통해 드러내는 것으로 그치고 말았지만, 완전한 자유소요(逍遙), 노님와 궁극적 평등제물(齊物), 엇비슷함이라는 가치도 미학적 지위를 가질 수 있다고 믿었다. 예술이 뭔가?

쓸모를 버리고 쓸모없음에서 노는 것 아닌가. 그것이 소요다.

세상사 이리저리 나뉘어 못 만날 것 같지만 엇비슷하게 보며 한데로 모으는 것 아닌가. 그것이 제물이다.

나는 초등학교 때 붓글씨를 배웠다. 저학년 때인데 선생님이 붓글씨를 써오라는 것이었다. 어쩔 줄 몰라 하는 나에게 어머니는 갑자기 집에 있던 큰 벼루를 꺼내오셨다. 그러면서 진지하게 먹부터 갈게 하고 글씨를 쓰게 했다. 선생님은 내 글씨를 교실 뒤편에 게시하지 않았다.

"그 글씨는 네가 쓴 게 아니야!" 나는 따지지 않았다. 그만큼 내가 잘 썼다는 거니까.

그러고는 유학 시절 설거지를 하면서 전서부터 썼다. 아르바이트로 승무원을 상대로 음식도 내고 기념품도 파는 가게에서 일했는데, 함께 일하는 분이 일중 김충현 선생의 제자였다. 좋은 기회였다. 그때만 하더라도 왜 나에게 전서부터 쓰라고 했는지 몰랐다. 내 글씨가 재밌다나 뭐라나.

귀국 후 둘 다 교수 노릇을 하고 있을 때 어느 날 서예과 대학원에서 서예이론 강독을 맡아달라는 부탁이 왔다. 지역이 달라 주저했지만 '언제 또 이런 기회가 오겠나, 기회가 있을 때 제대로 읽어보자.' 하는 마음으로 2년간 서예이론서를 거의 모두 읽었다. 그러고는 자가 발전하기를 바라며 더 이상 나가지 않았는데, 그때 함께 공부하던 대여섯 사람이 책읽기를 끝까지 하자고 해서 전국 각지에서 청주까지 달려와 몇 년간 다시 강독을 이어나갔다. 그래서 탄생한 책이 『광예주쌍집』(상·하, 다운샘, 2014)의 번역과 해제다.

이렇게 나는 강유웨이康有爲를 알게 되었다. 나는 확신한다. 내가 죽을 때까지는 그만한 서예이론서는 안 나온다. 『광예주쌍집』은 전통시대의 마지막 서예이론서이다. 내가 번역을 잘해서가 아니라 강유웨이가 전통시대의 마지막 인물이기 때문이다. 기존의 『광예주쌍집』 번역서는 대부분 발췌본이었다. 일본어 번역본도 미완성에 그쳤다. 쉽게 이해하라고 번역에 이어 반드시 해제를 그만큼 붙였고, 등장하는 작품들도 함께 볼 수 있도록 하권에 실어놓았으니, 그런 책은 내가 죽기 전까지는 다시 나오기 어려울 것이다. 게으른 탓이지만 번역에 걸린 시간도 장장 15년이었다.

우리 시절은 개다리소반으로 밥을 먹었다. 집집마다 소반이 있었다. 아버지가 늦게 오시면 어머니는 잠든 나를 깨워 그제야 안방에서 아버지와 밥을 먹게 했다.

옻칠을 때우는 장인도 돌아다녔다. 망가진 상도 그의 손을 거치면 깨끗이 고쳐졌다. 아교풀과 옻칠을 갖고 다니면서 나무를 깎아 수선하던 모습이 생생하다. 나무 조각으로 땜질을 하고 검은 옻으로 칠을 연거푸 하면 어찌 그리 감쪽같은지 신기했다. 관리들의 배달밥상인 공고상도 적지 않았다. 이제는 보고 싶어도 볼 수 없다. 그 많던 밥상은 다 어디로 갔는지.

음식점의 교자상은 술을 먹다 노래를 부른답시고 두드리면 모서리가 다 나갔다. 그래도 두드렸고, 그래서 상床쟁이는 고치고 또 고쳤다. 여린 나무는 흥이 오른 사내의 젓가락 박자질에 배겨날 수 없었지만 서민의 삶은 그렇게 한을 풀고 있었다.

어려서 '일본 사람은 개 밥사발도 사가는 이상한 놈들'이라고 들었다. 우리나라에는 흔하디흔한 도자기였다. 그 안에 담길 밥이 없었지 사발은 넘쳐났다. 사기그릇에 고봉으로 담긴 밥은 얼마나 좋았는지, 그걸 먹고서야 밭에 나갈 수 있었다. 쌀이 모자라 그 안에 감자를 넣든 콩을 넣든 많은 것이 제일이었다.

사기가 깨지면 그것을 잘게 부수어 놋쇠그릇을 닦았다. 그 가루를 사금파리라고 불렀다. 짚에 사금파리를 묻혀 박박 닦아야 비로소 놋그릇은 광이 났고, 제사 준비는 그제야 끝났다. 그 많던 놋그릇과 수저는 어디로 갔는지. 태평양 전쟁 때 징발되어 총탄으로 아시아 곳곳에 박혀있을 것이다.

야나기의 '민예'라는 말은 이제 사라졌다. '민중예술'이라는 말을 창시한 야나기는 운동의 선구자라는 말과 함께 실패자라는 평가도 듣는다. 그럼 어떤가. 한 시대를 풍미한 낱말이 바로 민예였다. 버려진 것의 부활, 천박한 것의 위대함, 일상의 아름다움, 이름 없는 작품의 진실함을 야나기는 바라보았다.

우리 때는 한국미를 '어른 같은 아해아이'라고 교과서에서 배웠다. 무슨 소리인지, 누가 말했는지도 모르면서 그냥 그렇게 외웠다. 한술 더 뜨자면 '구수한 큰 맛'도 있었다. 그러나 고유섭이 누구인지는 몰랐다.

지금은 서산의 삼존마애불을 말할 때 '백제의 미소'를 입에 달고 다니면서도 '어른 같은 아해'는 모른다. 탑을 연구하여 백제탑, 신라탑, 통일신라탑 등을 지붕돌로 양식사적으로 구분하면서도 고유섭의 외로운 길을 모른다. 비애의 미를 넘어서 탑의 기백을 말한 그를 모른다.

나아가 감은사지를 찾고 대왕암을 바라보면서도 이견대에 올라 그의 한글 시를 읽지 않는다. 무슨 소리인지도 모르는 한문 시 틈에 살포시 자리 잡고 있는 고유섭의 시가 왜 거기 붙어있는지 사람들은 알지 못한다.

"경주에 가거들랑, 경주 거리만 쏘다니지 말고 모름지기 대왕암을 찾아보라"는 고유섭의 목소리를 다시금 외치는 사람은 없다. 이제는 경주에서 자동차로 금방인데, 그리고 울산으로 내려가도 바로인데, 바닷가 7번 국도로 북상하기도 좋은데, 사람들은 대왕암에서 먼발치로 보이는 지척의 이견대에 올라 고유섭의 〈대왕암의 노래〉를 부르지 않는다.

나는 고유섭의 누이동생이 오빠의 안경을 지니고 있다고 들었다. 내가 고유섭을 아는 것이 신기했는지, '우리 할머니의 오빠'라고 신이 나서 이야기하던 것을 기억한다. 어쩌다 고유섭 이야기가 나왔는지는 모르겠지만 할머니는 돌아가셨을 게다. 돌아가시기 전에 인천에서 지역의 인물로 오라버니를 선양하고 있는 것을 지켜보셨길 희망할 뿐이다. 인천문화재단은 고유섭을 기리는 '우현학술상'을 제정해 운영하고 있다.

방방곡곡 어디나 탑동, 탑리, 탑골이 있는 우리나라다. 웅혼하고 자신감 넘치는 탑의 나라를 복원시킨 고유섭이다. 그는 탑이 이루어낸 위대한 나라를 보았다.

이제 고유섭을 알았다면, 동서미술의 차이 속에서 고유섭을 이해하고 정착시키는 것이 앞으로의 과제로 남는다. 서양미학사 속 고유섭의 위상이 어떤지 자리매김하는 것이 후학의 임무일 것이다. 그가 보여준 '길'과 '힘'을 그 '흐름'에 따라 어떻게 이어나갈 것인가, 그것이 우리의 사명이다.

겨울 같지 않은 겨울을 보내고,
2022년 가을 문턱에
汲水山人

차례

제1장

이끄는 말

캉유웨이

야나기

고유섭

라떼를 한 잔 마시며 재밌고도 유익한 지적 모험을 시작해보자. 이번 우리의 여정은 중국, 일본, 한국을 아우르게 짜여있다. 도착지는 반드시 한국임을 기억하자. 여정이 동양, 서양, 한국일 때도 마찬가지다. 우리나라로 돌아오지 않는 여행은 여행이 아니라 이주다.

캉유웨이

나 때는 고등학교 세계사 시간에 중국으로 가면 캉유웨이康有爲 (1857~1927)[1]가 어김없이 등장했다. 그는 청말의 학자이자 개혁운동가로서 지위가 분명했다. 우리나라 인물로 치면 조선말 갑신정변(1884)을 일으킨 김옥균[2]과 비슷하다. 3일이 아닌 100일 천하로 끝난 무술정변(1898)의 주인공, 결국은 일본으로 망명을 간 지식인, 평가의 극단적 대립, 꿈꾸던 근대화와 실패 등등, 캉유웨이는 김옥균과 닮았다. 중국은 한국보다는 오래 버텼지만, 그렇다고 해서 보수의 완고한 저항 앞에서 개혁이 쉽게 성과를 이룰 수 있는 상황은 아니었다. 김옥균의 실패 이후 14년이 지나 벌어진 캉유웨이의 무술정변도 개혁에 실패한다.

미국의 페리 총독에 의해 어쩔 수 없이 개방된 일본은 동아시아에서 가장 먼저 근대화를 이루었고, 그 힘으로 한국과 중국을 점령하려했다. 그런 일이 벌어지기 전에 근대화되어야 한다고 생각했던 한국

---

1. 중국 광저우에서 태어났다. 한자 그대로 읽으면 '강유위'이다. 1911년 신해혁명 이전의 중국인은 편의상 한자 발음대로 부르는데, 캉유웨이는 중화민국과 17년이나 겹치므로 '캉유웨이'로 표기한다. 다른 중국 인물의 이름 역시 같은 표기 기준에 따른다.
2. 1851~1894, 충청남도 정안에서 태어났다.

과 중국의 지식인들은 때로는 일본에 빚지거나 때로는 독자적으로 개혁을 이루고자 했지만, 김옥균과 캉유웨이의 경우처럼 참담한 결과를 받아들여야 했다. 서양식 개혁을 내세운 김옥균은 주검으로 일본에서 돌아와 고향땅 충남 정안에 묻혔고, 전통사상의 현대적 부활을 꿈꾼 캉유웨이는 말년에 사상적으로 극단적이고 반동적인 회귀를 보인다.

세상일은 혼자 못 한다. 그래서 일은 함께한다. 아니면 나중에서야 일이 이루어진다. 김옥균과 캉유웨이의 가장 큰 차이는 그를 잇는 인물의 양성에 있었다. 김옥균은 당시에 그와 뜻을 함께한 사람은 많았지만 근대화에 공헌할 탁월한 인물은 기르지 못했다. 반면 캉유웨이는 개혁운동을 통해 류스페이劉師培[3]와 같은 중국근대화에 큰 업적을 남기는 인물을 낳는다.

캉유웨이는 광저우의 만목초당에서 후학을 기른다. 후학을 기르기 위해 가장 필요한 것은 바로 책과 그 속에 담긴 이론이었다. 책과 이론은 운동의 연속성을 보장해준다. 이론 없이 실천 없다. 캉유웨이는 김옥균과는 달리 현실적 참여뿐만 아니라 이론 작업에도 매달렸다.

고등학교 세계사가 선택과목이 되면서 젊은이들에게 캉유웨이는 잊혔다. 한동안 국사가 공통필수과목에서 사라지면서 김옥균이 잊힌 것과 같다. 그런 그를 내가 다시 만나게 된 것은 엉뚱하게도 서예이론 때문이었다.

북경에 머물던 캉유웨이는 정치적 무기력에 빠졌다. 개혁의 상소를 아무리 올려도 청나라 정부는 꼼짝하지 않았다. 무술정변이 있기 10년 전이다. 그때 '공부나 하라'는 벗 선쩡즈沈曾植(심증식)의 권유로 서예에 몰두한다. 그때 그가 모범으로 삼은 책은 포세신包世臣(1775~1855)의

---

3. 유사배. 1884~1919. 청나라 말, 중화민국 초의 유학자.

『예주쌍집藝舟雙楫』이었다.

　『예주쌍집』은 '예술이란 배를 젓는 한 쌍의 노'라는 뜻이다. '집楫' 자가 '즙'으로도 읽히지만, '집'이 나은 것은 '노 즙'이라는 뜻과 더불어 '모을 집集, 輯'의 뜻을 담기 때문이다. 이를테면 여기의 집은 편집編輯이라고 할 때의 집과 통한다. 예술 또는 기예라는 배를 젓기 위해서 반드시 필요한 두 가지 요소인 이론과 창작의 관계, 전통과 혁신의 연결을 이야기하겠다는 것이다. 포세신이 노린 것이 이런 뜻이다. 그런 점에서 우리에게 생소한 발음인 '즙'을 내세울 필요는 없다. 그래서 이 책은 많은 책의 이름처럼 '집' 자를 내세워 『예주쌍집』으로 불리는 것이 좋다. 문집文集처럼 '집' 자로 볼 수도 있지만 그것은 둘을 나란히 하는 것이 아니라 한데 모으는 것이기에 쌍이라는 글자와 충돌한다.

　캉유웨이는 이 『예주쌍집』을 늘였다는 뜻에서 넓을 '광' 자를 앞에다 넣어 자신의 책 제목으로 정한다. 그래서 탄생한 것이 『광예주쌍집廣藝舟雙楫』이다. 우리에게 익숙한 표현법으로는 『속續예주쌍집』이나 『예주쌍집』 2편이다. 그러나 속편이라 하면 저자의 속편을 가리킬 수 있어 '광' 자를 앞에 붙였다.

　뜻대로 되지 않는 개혁 앞에서 의기소침해진 인물이 갑자기 웬 서예 책을 썼는가? 캉유웨이는 서예책을 쓰게 된 동기를 『광예주쌍집』 서문에서 밝힌다. 앞에서 말했듯이, 실의에 빠져 있을 때 벗의 권유로 1년 동안 집중해서 서예이론을 쓰게 되었다는 것인데, 중요한 것은 그 당시 서예 운동의 방향이었다.

　기존의 서예가 어떤 풍을 지녔는가? 왕희지 풍[4]이 우선이었다. 그의 글씨는 예쁘고 단정했다. 과거용 글씨체인 구양순과 조맹부 풍은 더

4. 체라고 표현해도 좋으나 체는 전예해행초와 같은 글씨꼴을 가리키고, 풍은 같은 체라도 다른 분위기로 쓰는 것이기 때문에 특정 인물의 글씨는 풍으로 말해보자.

했다. 감독관 눈에 잘 읽혀야 했기에 함부로 써서는 안 되었고 작지만 많은 내용을 담을 수 있어야 했다. 모두 틀에 박힌 글씨였다. 기껏해야 무사 출신이었던 안진경 풍이 힘 있는 살찐 글씨를 보여줄 뿐이었다.

당시 서예 운동은 이런 글씨를 넘어서는 데 있었다. 이른바 금석학의 발흥인데, 금석이란 고대 청동기인 쇠金에 쓰인 글씨와 비문 등 돌石에 쓰인 글씨를 가리킨다. 이를 발굴해서 모범으로 삼자는 것이다.

쇠에 쓰인 글씨란 전서篆書로 최초의 문자 형태를 가리킨다. 전서는 진나라 시황제 때 이사가 문자 통일을 하면서 내놓은 소전小篆과 그 이전의 대전大篆으로 구분된다. 쇠의 글씨를 종정문鐘鼎文이라고도 하는데, 종과 솥에 많이 쓰였기 때문이다. 소전과 대전은 인위적인 이분법이기 때문에 소전 이전의 모든 문자를 주문籀文이라고 부르기도 한다.

돌에 쓰인 글씨란 전서에 이어 쓰이던 예서隸書를 일컫는다. 예서는 한대에 발흥한 문자 형태로 주로 비갈碑碣에 남아있는 글인데, 비는 네모반듯하게 깎인 돌을 말하고 갈은 자연석 그대로를 가리킨다. 사람이 죽으면 그의 행적을 적은 돌을 함께 묻었는데 이 같은 묘지명墓誌銘에도, 예서가 많이 남아있었다. 그 가운데에서도 북위北魏 시대의 글씨가 대표적이었다.

왕희지의 글씨는 종이에 쓰여 종이 수명의 한계 때문에 옮겨 쓰다 보면 진품으로부터 멀어질 수밖에 없지만, 금석문은 단 한 차례의 모각만을 거치기 때문에 애초의 맛을 잃지 않는다. 따라서 원작 보전이라는 물리적인 이유 때문에라도 종이보다는 돌의 글씨를 우선해야 한다는 것이 금석학자의 주장이었다. 그뿐만 아니었다. 더욱 중요한 것은 왕희지 풍을 비롯하여 당시 유행하는 글씨의 문약함을 넘어 본디 서예의 강건함을 세우고자 함이었다.

캉유웨이는 외세에 시달리는 중국을 목도하고 있었다. 지도자들의 문란함, 문화의 방만함, 정치의 우유부단함, 학자들의 태만함을 넘어

설 방도 가운데 하나는 글씨체를 바꿔 쓰는 것이었다. 당말의 한유가 문장 구조를 4와 6으로 맞추어야 하는 '사육변려체四六騈儷體'를 버리고 산문체인 고문으로 돌아가자고 한 것과 맞먹는다. 한유는 문장의 형식을 바꾸자 했고, 금석학자들은 글씨의 형식을 바꾸자고 한 것이다.

왜? 형식은 내용을 규정한다. 인사를 하면 공경의 마음이 생긴다. 공경의 마음이 있어 인사를 할 수도 있지만, 인사를 하다 보면 공경의 마음이 생긴다. 그것이 예禮이고 형식이다. 따라서 형식이 바뀌면 내용도 바뀐다. 한유의 고문 운동으로 변려문에 속박된 문장가들의 정신이 해방되고, 금석학자의 주장에 따라 강건하고 힘 있는 글씨를 쓰면서 단정하고 예쁜 글씨에 매달린 식자들의 사고가 개혁된다. 금석학이란 쇠와 돌에 쓰인 옛날 글씨로 돌아가 고대의 문화와 사상을 재정비하자는 것이다. 그것은 무슨 문화재를 발굴하는 고고학이 아니다. 땅을 파고 산을 헤매지만 그 목표는 단지 유물 찾기에 있는 것이 아니라 유물의 글씨가 지니고 있는 정신세계의 복원이었다.

한유에게 4 · 6문이 더 이상 의미를 지니지 못하듯이, 캉유웨이에게는 왕희지나 구양순 풍이 명필이어서는 아니 되었다. 한대의 서체와 서풍으로 돌아가자. 북위의 묘비명을 쓰자. 해서楷書보다는 예서를 쓰자. 부드러운 붓놀림보다는 모난 붓놀림을 하자. 아름답기보다는 힘이 있자.

캉유웨이는 『광예주쌍집』에서 전래의 서예이론을 총정리한다. 그 모범이 포세신의 『예주쌍집』이었다. 캉유웨이가 다루는 내용은 참으로 방대하다. 서예이론은 물론, 당시 구할 수 있는 거의 모든 비문에 대한 평가를 빼놓지 않는다. 심지어 신라 진흥왕순수비[5]에 대한 좋은 평

---

5. 내 생각으로는, 당시 북경의 유리창(골동품 · 고서점 거리)에서 거래되던 탁본 가운데 순수비가 있었던 것은 추사 김정희 덕분으로 추사와 금석학운동은 인물의 영향 관계에서 그 역사가 깊다.

가도 나온다.

나아가 캉유웨이는 글씨를 잘 쓰는 법, 큰 글씨 쓰는 법, 과거科擧 글씨 쓰는 법 등 서예와 관련된 모든 지식을 총망라한다. 그런 점에서 『광예주쌍집』은 우리 시대 최고의 서예이론서임에 틀림없다.

캉유웨이는 『대동서大同書』를 통해 평화로운 이상사회를 꿈꿨다. 대동이란 난세亂世에 반대되는 평화로운 세상이다. 그 중간쯤이 소강小康으로 현대어에서 '소강상태'라는 말로 남아있다. 또한 캉유웨이는 『공자개제고孔子改制考』를 통해 공자를 사회개혁가로 정의한다. 그는 책 제목에서 말하는 그대로 '공자는 제도를 개혁하고자 했다'고 주장한다. 이렇게 캉유웨이는 역사적 입장에서는 공양학파의 이론을 이어받아 진보적인 변법자강變法自疆 운동의 선봉에 서있었지만, 한편으로 서예이론가이기도 했다. 안타깝게도 그가 서예이론가였던 것은 상대적으로 알려져 있지 않다.

새로운 세상은 쉽게 오지 않는다. 그러나 글씨체를 바꿈으로써도 새로운 세상은 온다. 근대화가 되면서 우리의 일상 글자가 한글이 되고 한글로 자유시를 쓴 것처럼, 문자를 바꾸면 생각이 바뀌고 생각이 바뀌면 다른 세상이 온다.

캉유웨이의 서예학은 한마디로 심미의식의 전환을 꾀하고 있었다. 청동기와 비갈의 연구를 가리키는 금석학은 청말의 세태를 극복하고자 하는 새로운 문화운동으로 그것의 핵심이 글씨체 변혁 운동이었고, 캉유웨이는 이를 한 권의 책으로 정리하여 서예이론으로 정립한다. 미적 기준이 달라지면 세상이 달라진다. 새로운 심미안의 창출로 캉유웨이는 새로운 문화의 핵심을 창출한다.

캉유웨이는 일찍이 『신학위경고新學僞經考』를 통해 사람들이 따르고 있는 고문경서는 왕망王莽의 한나라 찬탈을 합리화하는 유흠劉歆의 위서僞書라고 주장했다. 전한과 후한 사이 16년간 있었던 신新나라(8~24)

를 옹립하기 위해 조작된 책을 현재까지 식자들이 맹종하는 것을 통렬히 비난하는 것이었다. 그것은 캉유웨이의 첫 저서이자 그의 이름을 알린 책이었다. 그런 그가 『광예주쌍집』을 통해 미학적 전환을 꾀하는 것이다.

캉유웨이는 그의 혁신적인 주장에 반해 정치적으로 온전한 혁명론자는 아니었다. 그는 끝까지 임금을 보위하자는 보황保皇의 자세를 지녔기 때문이다. 국가, 계급, 인종, 남녀, 가족의 경계조차 허물자고 『대동서』에서 주장하던 그가 황제에 대해서만큼은 보수적인 것은 매우 특이하다. 아마도 개혁은 오히려 황제만이 이룰 수 있다는 자신의 경험에 바탕한 고집이었던 것으로 보인다. 자신의 상소를 선택하여 무술정변을 일으키게 해준 사람이 바로 임금이었고, 임금에게 권력이 집중되지 않는 한 개혁은 실패로 돌아갈 것이라고 판단한 듯싶다. 거꾸로 말하는 사람들이 많지만 나의 생각으로는, 우리의 역사도 그러하듯 임금은 개혁을 하려는데 그것을 막는 사람들이 권문세족들이다. 세종이 한글을 창제하는 데 반대한 것이 귀족들인 것처럼.

야나기 무네요시

한 인물에 대한 평가가 극단적으로 다른 경우는 대체로 정치적인 것이다. 우리가 다룰 이 인물이 처한 시대적 상황과 그 속에서의 개인의 역할에 대한 판단부터 출입이 있기 때문에 학자들 사이에서 의견의 불일치가 생기는 것이다. 비판의 내용은 총독부에 반기를 들었지만 결국은 식민지를 긍정하는 제국주의 시절의 학자, 그 당시의 일본인이기에 조선을 그렇게 볼 수밖에 없었다는 구조적 한계, 조선을 좋아하기는 했지만 그것은 불쌍히 여기는 강자의 동정에 불과했다는 것

등등이다. 그러나 나는 그를 그렇게 보지 않는다. 그는 정말로 조선을 사랑했다.

그가 바로 야나기 무네요시柳宗悦[6]다. 이름도 한국식이라서 한동안 '유종열'로 불리기도 했다. 우리 식으로는 버들 류柳 자를 쓰는 문화 류 씨는 두음법칙을 무시하고 '류'로 쓰고 있으니 '류종열'이다. 우리 시절 에는 일본식 한자발음으로 '야나기 소오에츠'로 읽기도 했다. 일본의 출판사에서도 한자 옆에 그렇게 호명하기도 했다. 일본 이름은 워낙 제멋대로 읽히기 때문에 일본에서조차 '이름을 어떻게 읽을까를 묻는 것은 실례가 아니다'는 말이 있을 정도니 혼란이 이해가 간다. 이렇듯 일본 이름은 한자발음으로 읽는 음독音讀도 있지만 그의 경우처럼 뜻 으로 읽는 훈독訓讀도 있다. 원하는 대로 불러주는 것이 예의이니 무네 요시로 읽고, 성씨인 야나기로 줄여 부르기로 하자.

국가적 차원에서 한 인물에 대한 평가가 대립되는 예는 적지 않다. 과거사를 반성하지 않는 일본의 경우가 그럴 수밖에 없다. 일본 근대 화에 앞장 선 이토 히로부미伊藤博文(1841~1909)가 대표적이다. 어린 시 절 나는 그의 얼굴이 찍힌 일본 지폐를 보고 깜짝 놀랐다. 우리의 안 중근 의사가 하얼빈 역에서 죽인 그가 일본의 영웅이라니, 이런 이율 배반이 있나. 아무리 여기서는 그르고 저기서는 옳다고 하지만 그래 도 제국주의의 전범인데 어떻게 일본인들은 그를 숭배할 수 있단 말 인가. 일본 지폐는 인물이 자주 바뀌는 편이지만 어린 나의 기억을 지 울 수는 없다.

또 다른 예는 1만엔 권 초상의 주인공인 후쿠자와 유키치福澤諭吉다. 그는 우리나라에서 많이 연구되는 일본인이다. 근대사상가로 일본의

6. 1889~1961, 일본 도쿄에서 태어났다.

근대화의 상징이다. 그런데 그가 '한국을 정벌하자'는 정한론征韓論의 주창자임을 아는 사람은 많지 않다. 일제의 대한제국 침탈의 이론적 근거를 마련한 그를 실행에서 멀리 있었다고 그냥 넘어갈 수는 없다. 이는 나치의 유대인 학살과 우생학을 별개로 보는 것과 같다.

최근 헤이세이 시대를 끝내고 레이와 시대로 넘어가면서 1만엔 권의 주인공은 40년 만에 일본 자본주의의 아버지로 불리는 시부사와 에이이치澁澤榮一로 바뀌는데, 그는 다이이치은행의 총재로 대한제국에 유통된 지폐에 이미 등장했었다. 일본은 이렇게 제국주의 시대를 반성하기는커녕 지속적으로 재생산하여 일류국가로의 진입장벽을 스스로 높이고 있다.

그런데도 야나기만큼은 내가 확실하게 옹호하고 싶은 인물이다. 어떤 인물에 대해 연구를 하면 그를 잘 알게 되고, 그래서 아는 만큼 변호하게 되는 경향이 있다. 나도 그럴까?

알면 좋아진다. 이해의 폭이 넓어지면서 그에 대한 관심이 늘어나고, 관심이 늘어나면 사랑이 싹튼다. 초보적인 단계에서는 그렇다. 그러나 제대로 된 학문은 그렇지 않다. 우리가 어떤 사람을 전공하면 그 사람을 옹호하는 사람이라고 일반적으로 생각하는 것은 우리 학문의 수준이 그 정도밖에 되지 않기 때문이다. 아무리 좋아해서 연구한다지만 아닌 것은 아니라고 말하는 것이 제대로 된 학문이다. 마르크스를 공부하면 대부분 마르크스주의자가 되지만, 진정한 마르크스 연구자는 마르크스주의자가 아닐 수 있어야 한다. 마르크스는 그리스 데모크리토스의 원자론을 공부하면서 물질주의자가 되었지만, 헤겔의 변증법을 공부하면서 그의 관념론을 유물론으로 바꾸지 않던가. 연구자와 철학자의 차이가 여기서 벌어진다.

맹자를 공부하면 맹자주의자가 되고, 칸트를 공부하면 칸트주의자가 되는 것은 내가 강렬히 비난하는 이른바 '전공주의'의 표본일 뿐이다. 전공주의는 '내 전공은 옳다'는 맹신을 가리킨다. 전공주의는 '내 전공은 옳아야 한다'는 유아적 단계에 머무는 것이다. 철학적 인물에 대한 맹목적인 동감과 감상적 의지는 유치한 것이다. 초기에 잘 모를 때는 많이들 그랬다. 맹자를 전공하면 맹자 만세, 칸트를 전공하면 칸트 만세였다. 이제는 비판적 이해가 가능한 학문적 수준이 되어, 이런 식의 칭찬의 정리만으로는 수준 높은 학위 논문이 불가능해졌다. 전공 대상의 문제가 무엇인지, 그 문제가 어떻게 발전되는지, 그 발전은 철학사적으로 어떤 의미를 지니는지를 말하지 않으면 2000년대 논문으로서 자격을 잃는다.

야나기에 대한 나의 초창기 접근은 오히려 비판적이었다. 당시 한국의 학자들은 거의 모두 그에게 '식민지 지식인의 한계'라는 굴레를 씌우고 있었다. 소개를 잘 해놓고 맨 나중에 이렇게 한마디라도 붙여야 자존심이 꺾이지 않았던 모양이다. 오늘날도 식민지라는 말만 나와도 몸서리치는 나다. 그런 나로서 그에 대한 부정적인 평가에 동조하는 것은 자연스러웠다.

나는 우리나라가 여전히 지적인 식민지 상태라고 생각한다. 일제日帝 식민지를 간신히 벗어나는가 싶더니 이제는 미제美製 식민지다. 중간에 독일과 프랑스가 강세였다가 근자에는 중국이 치고 올라온다. 저서보다 번역이 많은 나라, 뭔가 설명할 때 외국 이름이 늘 출몰하는 사회, 교과과정에도 전통적 이론보다는 서양학설이 더 많이 소개되는 학교, 벗이자 이웃인 한국인의 애정 어린 주장보다는 한국을 잘 알지도 못하는 이방인의 한마디가 존중받는 학계는 우리가 아직도 식민지에서 벗어나지 못했음을 여실히 보여준다. 나에게 야나기도 예외일 수는 없었다.

그런데 어느 순간부터 내가 야나기를 변호하고 있다는 것을 느끼고는 조심하고 또 조심했다. 행여나 내가 전공주의는 아니더라도 그와 비슷한 착각을 하고 있는 것은 아닐지, 내가 야나기를 포용하는 것이 공연한 학문적 허세는 아닐지, 그리고 정말로 야나기가 조선을 사랑했는지, 묻고 또 물었다.

이제는 말할 수 있다. 야나기는 정말로 조선을 사랑했다고. 설령 그 설명의 구도에 본인도 알지 못한 채 식민지의 망령이 들어갈 수는 있을지라도 그는 조선을 사랑했다. 그는 조선의 백자, 작가 없는 예술, 평민성을 사랑했다. 이제는 어쩐 일인지 잘 쓰이지 않지만 우리 시절에 교과서에 등장하던 '민예民藝'라는 말이 바로 그에 의해 만들어졌다. 야나기에 따르면, 민예는 분명히 '민중예술民衆藝術'의 준말이다. 흔히들 아는 것처럼 민속예술이나 민족예술이 아니다. 귀족적이지 않은 서민적인 예술의 현시를 그는 조선에서 보았다. 세계사적인 흐름에서 예술의 흐름이 대중을 향해야 한다는 것을 그는 조선을 통해 인지했다. 그렇기에 민중이 중심이 되기 전까지는 슬플 수밖에 없었다. 그래서 그는 조선의 예술을 '비애의 미'로 정의한다.

우리의 민중신학이 '고통 받는 자는 이미 구원받았다'고 선언한 것처럼, 야나기는 조선의 고통을 예술의 한 단계로서 바라보았다. 그리스의 비극이 영혼을 정화시키듯, 조선의 비애가 민중성을 고양시킨다.

그런 정신의 근원은 야나기만의 독자적인 것이 아니라 영국의 시인이자 판화가였던 윌리엄 블레이크William Blake(1757~1827)와 함께하는 것이었다. 블레이크는 미국의 독립을 노래하는 〈아메리카〉(1793)를 비롯하여 18세기 중엽 산업혁명 당시의 어린 〈굴뚝청소부The chimney sweeper〉의 비참한 처지를 고발했다. "그분들은 우리의 고통으로 천국을 꾸미지요."

만일 야나기에게 미친 블레이크의 영향을 몰랐다면 나도 기존의 입장을 되풀이했을지도 모른다. 그리고 내가 블레이크를 몰랐다면 야나기를 제대로 이해할 수 없었을지도 모른다. 그러나 야나기의 비애는 블레이크가 노래하는 천국으로 가는, 구원 받는, 천사를 만나는 통로임을 분명하게 알아차리면서 나는 그를 옹호하고 변호할 수 있었다. 게다가 야나기를 딛고 일어선 우리의 고유섭高裕燮[7]이 있는 만큼 나는 자신 있게 주장할 수 있었다. 야나기는 조선을 정말로 사랑했다고.

야나기의 아들이 1980년대에 우리나라에 온 적이 있다. 신문에는 이렇게 소개되었다. 광화문 철거를 반대한 일본인의 아들이 한국을 방문했다고. 동아일보로 기억되는데(이 책의 제3장에서 소상히 밝힌다), 그 신문사와 야나기의 관계는 일제강점기인 1922년 8월에 그가 〈장차 잃게 된 조선의 한 건축을 위하여〉라는 장문의 글을 게재하면서 시작된다. 광화문은 헐리지 않고 1926년 경복궁 동편 건춘문 북쪽으로 이전되는데, 야나기의 글에 "이미 파괴가 아닌 이전을 계획한다는 소식을 들었다"고 나오기 때문에 반드시 그의 글 때문에 그렇게 결정된 것은 아니지만, 광화문의 의미에 대해서 그처럼 절절하게 다룬 적이 없었다는 점에서 그의 글은 의미가 깊다.

야나기는 광화문이 헐려서는 안 되는 까닭을 몇 가지로 설명한다.

첫째, 조선이 발흥하여 일본의 궁성이 폐허가 되고 서양풍의 일본총독부가 들어선다고 할 때 일본인들이 분노를 느끼는 것과 같이, 일본인들도 조선에서 그래서는 안 된다.

둘째, 대원군이 광화문을 중건하고 도시의 설계가 왕조의 위업 앞에서 도열했는데, 동양의 순수한 건축을 경애해야 한다.

셋째, 정치는 예술에 대하여 염치없는 행동을 해서는 안 된다. 자연은 건축을 지키고[8] 건축은 자연을 꾸미는데 그 유기적 관계를 깨트려서는 안 된다.

---

7. 1905~1944, 경기도에서 태어났다.
8. 나무나 돌로 건축이 이루어진다는 뜻으로 보인다.

넷째, 광화문의 파괴는 일본의 무지를 드러내는 것이며, 이전한다 하더라도 그 의미는 반감될 수밖에 없다.

다섯째, 광화문을 산출한 민족은 지금 말하지 말라는 명령을 받고 있으니, 나라도 광화문을 기록 속에 남기지 않을 수 없다.

'아, 광화문이여', '광화문이여, 광화문이여', '너의 생명이 조석朝夕에 절박切迫하다', '사랑하는 벗이여', '웅대하도다'와 같은 문구로 광화문을 의인화한 그의 문장은 심금을 울린다. 게다가 광화문에 대한 미적인 가치 때문에 그것을 파괴해서는 안 된다는 논리는 색다르다. 광화문의 아름다움과 힘과 운명을 이해하는 사람은 적지 않으며, 나는 너를 문자로라도 영靈의 세계에서 불멸로 남게 하고 싶다는 것이 그의 논지다. 그는 하다못해 광화문을 지키는 두 돌사자해태가 어디로 갈 것인가를 걱정한다.

이런 야나기의 태도는 당시 일본인으로서 유일한 것이 아니다. 잘 알려져 있지는 않지만 조선총독부에는 아사카와 다쿠미淺川巧(1891~1931)라는 산림과 직원이 있었다. 망우리 공동묘지에 "한국의 산과 민예를 사랑하고 한국인의 마음속에 살다 간 일본인, 여기 한국의 흙이 되다."여기서도 '민예'라는 말이 등장한다라는 비명이 적혀 있는 인물이다. 형인 노리타카伯教(1884~1964)가 1913년 조선으로 건너와 소학교 교원으로 일하면서 동생을 불렀는데, 그 둘의 조선백자에 대한 사랑은 지극한 것이었다.

1914년 9월 일본으로 건너간 노리타카는 일면식도 없는 야나기 무네요시에게 백자추초문가호白磁秋草文角壺(현 일본민예관 소장)를 선물하고, 이어 야나기는 조선백자의 아름다움을 소개하는 선봉에 선다.[9] 2년 후

9. 1910년 21살의 야나기 무네요시는 선배들과 동인지 『시라카바(白樺, 흰 자작나무)』를 창간하고, 조각가 로댕이 70세를 맞이한 것을 기념하는 특집호(제8호)를

인 1916년에는 일본에 머물렀던 도예가 버나드 리치Bernard Leach[10]의 초청으로 야나기는 베이징으로 향하고, 그 길목에서 부산까지 마중을 나간 노리타카는 그를 해인사와 석굴암으로 이끈다. 서울에서는 동생 다쿠미의 집에 머물며 형제의 조선 문화에 대한 사랑에 흠뻑 취하게 된다. 다쿠미의 저작은 『조선의 소반朝鮮の膳』(1929)과 『조선도자명고朝鮮陶瓷名考』(1931)가 있으며 우리말로도 번역되어 있다(학고재, 1996).

맥락적으로는 아사카와 형제의 조선 도자기와 생활용품에 대한 애정과 탐구가 조각과 도예에 관심이 많던 야나기의 이목을 집중시킨 것이다. 다쿠미는 야나기보다 두 살 어렸을 뿐이다. 둘은 함께 경복궁 집경당에 조선민족미술관을 설립한다. 만 40세에 요절한 다쿠미의 일생은 소설로 쓰였으며 영화로도 만들어졌다. 그는 한복을 입고 한국의 땅에 묻힌 일본인이었다.

야나기의 아들이 한국을 방문한 것은 1984년 9월 대한민국 정부가 추서한 보관문화훈장을 받기 위해서였다. 쪽지 기사로 다뤘지만 야나기에 대한 기록은 우리 현대사에서 의미 있는 사건으로 남아 마땅하다. 그것은 징성제국대하이 교수로서 추사 김정희를 발굴해 선양한 후지츠카 치카시藤塚鄰(1879~1948)의 아들인 아키나오明直가 추사 관련 서화 46점과 옛 책 2,750여 점을 2006년에 모두 과천시에 기증한 일 만큼이나 중요한 사건이다.

낸다. 파리의 로댕에게 잡지를 보내면서 원한다면 우키요에 판화를 보내겠다고 했지만 아무런 답장이 없자 돈을 모아 판화 30장을 보내고 이어 로댕이 답례로 자신의 조각 3점을 보내온다. 이와 관련된 전말을 『시라카바』에 소개하는데 조소에 관심이 많던 아사카와 노리타카가 이런 소식을 읽고 야나기를 찾아오게 된다. 윤철규, 「민예미술의 성지 일본민예관」(도쿄), 한국미술정보개발원 홈페이지.

10. 1887~1979, 홍콩에서 태어났으며 영국 국적의 세계적인 도예가.

고유섭

 따지고 보면 두 사람 사이에는 열여섯 정도의 나이 차이가 난다. 야나기가 위이고 우리가 말할 고유섭高裕燮(1905~1944)이 아래다. 그 둘은 충분히 동시대인이라고 불릴 만하다. 그럼에도 고유섭은 야나기의 영향을 많이 받았다. 어쩔 수 없는 일이다. 야나기는 일제강점기에 일본에서 활동한 저명한 문필가였고 아울러 조선의 아름다움을 언급하는 보기 드문 평론가였다. 야나기의 조선 예술에 대한 평가는 칭송을 넘어 찬양에 가까웠다. 조선의 예술은 말 그대로 찬미讚美의 대상이었다. 그런 점에서 한국미술사를 공부한 고유섭이 야나기에 관심을 갖는 것은 당연했다.

 고유섭은 이른바 개성 3걸을 낳은 스승이다. 미술사학자인 황수영, 진홍섭, 최순우를 낳았으니 그의 문화적 자극은 대단했다. 황수영과 진홍섭은 경제학을 전공했고 최순우는 문학도였으나, 고유섭과의 만남을 통해 한국미술사학이라는 토대를 마련한다. 1933년 고유섭이 개성부립박물관장으로 부임하고, 1938년 황수영과 진홍섭이 방학을 맞아 고향인 개성에 오면서 이들의 인연이 시작된다. 황수영과 진홍섭보다 두 살 위인 최순우도 이때 함께 한다. 최순우는 고유섭이 살아 있을 때 개성부립박물관에서 약 1년간 함께 근무하기도 했다.

 고유섭과 야나기의 전공은 철학이다. 철학 가운데에서 미학과 미술사를 연구한다. 그런 점에서 야나기와 고유섭은 같은 길을 걷는다. 이런 분위기를 설명해보자.

 철학 가운데 한 분야가 미학이다. 미학이라는 번역어가 이상해서 그렇지, 미학은 본래 감성학Aesthetics에 근거한다. 서양식 분법에서 철학이 이성만을 다루다가 감정의 영역도 다루게 된 것이고, 이어서 예술사도 건드리게 된 것이다. 당시 미학은 양식사적인 관점이 팽배했다.

캉유웨이   야나기 무네요시   고유섭

양식사란 시절마다 그때의 양식이 있어 그것을 통해 미의식이 드러난 다는 미술사 인식의 방법이다. 고전주의나 낭만주의와 같은 형식의 지배가 있으며 그 형식 속에는 사상이라는 내용이 들어 있다는 것이 다. 예술작품을 기준으로 보았을 때는 형식의 지배이지만, 철학을 기 준으로 본다면 그것은 곧 정신의 지배다. 따라서 헤겔 같은 예술학의 관점에서는 내용이 형식을 만들기에 구체적인 예술작품을 바라보면 그것을 만들게 한 정신을 찾을 수 있다. 그러니까 예술은 정신을 나타 내고, 정신은 예술로 드러난다. 바로크, 로코코 양식이라고 할 때의 양식을 떠올리면 된다.

　이렇게 예술을 접근하기에 예술은 철학의 산물이 되고 철학자의 연 구대상이 된다. 우리에게 철학과 예술사는 멀게 느껴지지만 유럽의 많은 대학의 철학도가 예술사구체적으로는 미술사를 복수전공하는 경우가 있는 것은 이와 같은 맥락에서다. 개인의 취미를 넘어 학문적 전공으 로 요구되는 것이다. 헤겔 이전에 칸트가 3비판서인『순수이성비판』, 『실천이성비판』,『판단력비판』을 저술하면서『판단력비판』에서 취미판 단을 다루는 까닭이 여기에 있었다. 칸트는 감정의 공적 영역에 매달 렸다.

참고로 『일반논리학』과 『한국사상사』와 같은 저술로 한국 현대철학의 한 쪽을 차지하는 박종홍(1903~1976)도 비슷하지만 오히려 정반대의 길을 밟는다. 그는 스무 살의 교사 신분으로 1922년 『개벽』에 한국미술사를 연재하다가 석굴암을 보고는 자신의 지력으로는 형용할 수 없는 것을 깨닫고 철학 연구에 매진한다. 나이는 박종홍이 두 살 많지만 철학을 공부한 것은 고유섭이 빠르다. 그 둘이 대학에서 어떤 관계를 맺었는지 현재까지 알려진 바는 없다. 철학과 미학의 관계는 이렇게 깊다.

그런데 학과 이기주의로 미학이 철학에서 분리되면서 미학은 철학적 토대가 박약해졌다. 종교가 아닌 종교학은 철학에서 벗어날 수가 없는데도 독립하면서 종교학이 종교인의 것만으로 전락하듯이, 미학이 철학이란 배경을 떠남으로써 오히려 지나치게 어려워지거나 아니면 이론적 배경이 없는 예술평론에 머물게 된다. 한마디로 철학을 떠난 미학은 공중에 떠버려 쉬운 이야기를 공연히 화려하게 꾸미고 만다는 것이다.

우리가 한국미의 특징을 이야기하면서 불상의 얼굴이 '어른 같은 아해'라고 한다든가, '구수한 큰 맛'이 담겨져 있다고 할 때 우리는 어느덧 고유섭의 어휘를 쓰고 있다. 고유섭의 언어가 어려운가. 조금 어려운 '무기교의 기교'라는 말도 고유섭의 것이다. 그러나 그 뜻은 '어른 같은 아이'처럼 '꾸미지 않은 꾸밈'이라는 말일 뿐이다. 안 꾸민 듯 꾸미는 것이 실제에서 참으로 어렵긴 하더라도, 말 자체가 어려운 것은 아니지 않는가. 이렇듯 우리는 한국미를 말하면 어느덧 고유섭에 근거를 둔다. 그런데 안타깝게도 우리는 고유섭의 수사를 쓰면서도 고유섭이란 인물을 모른다. 고유섭의 세 제자가 스승의 언어를 빌려 한국미를 묘사했는데도 기이하게도 개성 3걸은 알더라도 고유섭을 모른다. 이것이 우리 학문의 뿌리 없음이고, 우리 미학의 줄기 없음이고,

우리 미술사의 열매 없음이다.

　나아가 야나기는 알더라도 고유섭을 모른다. 고유섭은 야나기를 알았다. 그리고 그를 넘어섰다. 따라서 고유섭은 야나기의 발전적 극복이다. 그런데도 고유섭에 대한 연구가 생각만큼 활발하지 않다.

　우리는 아직까지도 관변학자인 세키노 타다시關野貞(1868~1935)의 극복에 매달려 있다. 그는 1918년 중국의 천룡산 석굴을 발견해 중국미술사에 공헌했다고 평가받고 조선의 미술과 건축을 총독부의 지원 아래『조선고적도보朝鮮古蹟圖譜』시리즈(1915~1935)로 발간한 업적을 남겼지만, 그것은 유물발굴과 자료집성에서 탁월한 것이지 미학적 설명에서 성공적인 것은 아니다. 더불어 야나기의 조선 미술에 대한 평가는 훌륭한 것이지만 고유섭처럼 유적과 유물을 많이 볼 수는 없었다.

　일본제국주의자들은 동남아시아의 많은 석상들을 훼손하면서까지 일본으로 실어 날랐지만, 조선의 것은 주로 도자기나 불상이었지 석탑은 아니었다. 위대한 조선 유물에 아직까지 눈이 뜨지 못한 것인지, 그 위대함을 애써 감추고자 한 것인지, 아니면 아예 자기의 것이라 생각한 것인지는 몰라도 그들이 우리의 석탑을 제대로 바라보지 못한 것은 사실이다. 야나기는 석굴암의 아름다움에 반하지만 경주에 무수히 많은 석탑을 심도 있게 탐방하지는 못했다. 석탑을 비로소 제대로 바라본 것은 고유섭이었다.

　고유섭은 왜 탑을 바라보았는가? 탑은 그에게 무엇이었던가? 그의 대표 저작이『조선 탑파의 연구』일 수밖에 없는 까닭은 무엇인가?

　우리말의 탑은 산스크리트어에 기원한다. 스투파stupa의 약한 초성인 '스'가 탈락하고 '투파'만 남았을 때 한사로 '탑파塔婆'라고 썼다. 종성의 파는 '건달파乾達婆'의 파처럼 산스크리트의 P 발음을 나타내는 것인데, 이것도 자주 탈락을 해서 '탑'이 된다. '건달파'가 오늘날 '건달'로 쓰이는 것과 같다. 탑[tap]은 이미 P 종성을 갖고 있기 때문에 굳이 '파'

를 붙일 까닭이 없다.

고유섭은 조선 전역에 남아있는 탑을 답사하고 중요한 결론을 얻는다. 조선에는 도자기만 있는 것이 아니라 탑도 있다고. 미감에서 완전하지만 소품인 청자와 백자만 있는 것이 아니라 거작인 탑도 있다고. 과연 그랬다. 동물을 소나 말 같은 대동물과 개나 고양이 같은 소동물로 나누듯 조선에는 대작과 소작, 큰 예술품과 작은 예술품, 덩치가 큰 걸작과 소담한 걸작, 건축물과 그 안에 놓이는 것, 공간을 크게 점유하는 것과 그것 안에 들어가는 소소한 장식이 있었다. 도자기는 뒤의 것이었다. 무엇이 더 훌륭하다고는 하기 어렵지만 조선의 미학이나 미술사에서 빼놓을 수 없는 것이 다름 아닌 탑이었다.

야나기가 놓친 것이 바로 탑이었다. 그는 해인사와 석굴암을 방문하지만 우리 석탑의 엄청난 수와 규모를 보지 못했다. 아사카와 형제의 안목으로 조선의 미술에 인도되었지만 정작 보아야 할 곳곳의, 거대한, 잘 짜인, 숨어 있는 조선의 탑은 만나지 못했다. 일본에서 종종 만나는 목탑 형식의 건축물도 아니고, 건축처럼 벽돌로 쌓아올리는 중국식 전탑塼塔도 아닌 조선의 석탑을 야나기는 조선 미술의 꽃으로 보지 못했다.

석탑만이 아니다. 우리에게도 속리산 법주사의 팔상전 같은 목탑형식의 건물이나, 원효가 머물던 경주 분황사의 전탑 유적이 남아 있었다. 심지어 경주의 황룡사지 목탑은 높이가 80미터나 되었으니 일본의 목탑과 충분히 견줄 만한 것이었지만 몽고 침략으로 남아있지 않았을 뿐이다.

우리의 석탑은 다루기 힘든 화강암을 깎아중국의 석회암이 아니다 포개어 올려쌓고 끝부분은 금속으로 장식하는 경우가 많다. 돌을 다루는 기술도 기술이지만 그 규모도 대단했다. 대종천이 마르는 바람에 원래의 풍경을 상상하기 힘들지만 여전히 건재한 신라의 감은사지 탑과,

태반은 무너지고 엉터리 시멘트 보수로 볼썽사납게 되었지만 그 원본을 넉넉히 짐작할 수 있는 백제의 미륵사지 탑은 정말로 아름다우면서도 힘이 있다.

야나기가 본 미학은 아름다움이었다. 그러나 고유섭은 아름다움만이 아니라 힘도 바라보았다. 칸트도 미학의 범주를 아름다움과 숭고로 나누어 보지 않았던가. 숭고는 무엇인가? 여성적인 온화함이나 잔잔함이 아니라 남성적인 희생과 투쟁이다. 줄여 말해 여자는 아름다움을 좇고, 남자는 힘을 좇지 않는가. 이렇게 여성의 특징을 아름다움으로, 남성의 특징을 힘으로 보는 것은 오늘날의 기준으로 성차별적일 수 있지만, 칸트는 "금발의 푸른 눈동자인 여성은 아름답고, 검은 머리의 갈색 눈동자의 남성은 숭고하다."고 말한다.

고유섭은 탑을 통해 조선의 힘을 보았다. 그가 만난 웅혼雄渾한 탑 속에서 그는 조선의 기백氣魄, 또는 기박(氣迫)을 찾았다. 슬프지만은 않은 힘찬 조선의 아름다움이었다.

내가 고유섭을 한국 현대미학의 개창자로 보는 까닭이 여기에 있다. 고유섭 이선에 양식사적인 관점을 지닌 안드레아스 에카르트Andreas Eckardt(1884~1974)와 같은 독일인 한국미술사가가 있었고, 고유섭 동시대에 야나기와 다쿠미 같은 한국의 도자기와 소반에 애정을 보인 일본인 비평가와 감식가가 있었고, 고유섭 이후에 한국의 설화나 병풍에 깊은 관심을 보인 평양 출생의 에블린 맥퀸Evelyn McCune(1907~2012)과 같은 미국인 한국문화 애호가가 있었지만, 고유섭처럼 한국미의 범주를 제시한 사람은 없었다.

게다가 고유섭은 서양의 범주를 완전히 극복했다. 서양 미학의 틀은 그리스 건축이나 조각에서 노모스nomos를 찾아내는 것이었다. 법칙이나 규범을 말하는 노모스는 이후 일종의 정전正典으로 성립된다. 그들에게 미학은 법규canon 이상도 이하도 아니었다. 법규가 원하는 것은 대칭이었다. 좌우대칭을 뜻하는 '심메트리symmetry'를 벗어난 미술은 미술이 아니었다. 그런데 고유섭은 심메트리가 아닌 '아심메트리asymmetry'를 한국미의 특질로 대담하게 규정한다. 당시 한자 표현이 _'비균제성非均齊性'으로 어려워 그렇지, 그것은 같은sym 길이meter를 갖지 않음을 뜻한다. 현대식 표현으로는 불균형이자 부조화이며 비대칭성을 가리킨다. 서양미술이 강조하던 평형equilibrium이 깨진 비평형disequilibrium이다. 나아가 고유섭은 한국미의 비균제성에서 힘찬 운동성을 찾아낸다. 고유섭의 설명이 모순적인 어법으로 가득 찬 까닭이 여기에 있다. 앞에서 말한 '어른 같은 아해', '무기교의 기교'가 바로 그것이다.

비균제성에서 운동이 나온다. 운동성은 힘이다. 평형일 때는 고요할 뿐만 아니라 아무런 움직임이 없다. 그릇이 기울 때 물이 쏟아지고, 물이 쏟아질 때 힘이 넘친다. 폭포는 상하의 균형이 깨져 중력이 아래로 흐르는 것이며, 격정은 평정이 무너져 사랑을 하거나 미워하는 것이다. 한국미의 비균제성에서 한국의 기백이 드러난다.

어른 같기만 할 때 무섭다. 아이 같아야 귀엽고 사랑스럽다. 권위는 어른에게서 느끼며 사랑은 아이에게서 느낀다. 불상은 권위에 의탁하는 대상이기도 하지만 사랑을 기원하는 대상이기도 하다. 불법의 권위와 대자대비의 사랑은 바로 어른 같은 아이의 얼굴에서 나온다. 불법과 자비, 그것이 곧 어른과 아이인 것이다. 그러나 사랑이 우선인 한, 아이 같은 어른이 아니라 어른 같은 아이여야 한다. 대승불교의 관세음보살의 사랑, 그것은 귀여울지언정 무서울 수는 없다. 병을 고쳐주는 약사여래의 얼굴이 우스꽝스러울 수는 있어도 살벌해서는 안 된다.

고유섭은 서양 미학의 부정으로부터 한국미를 찾아낸다. 서양 미학의 반反명제만이 아니라 합合명제로 한국미를 제시한다. 정제성이 아닌 비정제성이 한국미의 특징이지만, 결국 비정제성은 무기교의 기교처럼 '비정제적 정제'의 길로 나간다. 그가 말하는 '체관적 전회諦觀的 轉回'가 바로 그것이다. 불교에서 말하는 버림과 내려놓음을 통해 극적으로 상향하기 시작한다는 것이다. 포기할 때 모든 것이 환하게 보이듯이 말이다. 불교에서 체념諦念은 단순한 포기가 아니라 깨달음의 길인 것과 같다. 이렇게 고유섭이 모순적인 어법으로 한국미를 정의하는 데에는 반명제에 머물지 않고 합명제로 나아가고자 하는 의지가 담겨 있었다. 그는 한국의 미가 세계의 미 앞에 서기 위한 기본 전제를 차곡차곡 마련하고 있었다.

캉유웨이와 야나기 그리고 고유섭

고유섭이 캉유웨이를 알 수도 있고 모를 수도 있지만 그가 『광예주쌍집』을 읽었다는 증거는 없다. 고유섭이 야나기를 알았지만 그가 야나기의 어떤 점을 받아들이고 어떤 점을 멀리했는지 구체적인 세목을 열거하기는 어렵다. 그럼에도 그들은 같은 길을 간다.

캉유웨이는 글씨를 통해 중국인들의 정신을 바꿔 보자고 생각했고, 야나기는 이름난 귀족의 예술로부터 이름 없는 민중의 예술로 내려오자고 부르짖었고, 고유섭은 조선의 도자기만이 아니라 탑도 보자고 외쳤다. 그런 점에서 그들은 모두 미학 혁명의 주도자였다.

캉유웨이는 금석학운동이라는 바탕 위에서 문자운동을 벌인 것이고, 야나기는 블레이크의 민중시와 판화에서 영향을 받은 것이며, 고유섭은 서양 미학과 비교하여 한국미를 세운 것이다. 캉유웨이가 강조한 '금석학운동'은 이미 완원과 같은 걸출한 학자에 의해 주도되었고, 야나기와 같은 '민중예술 운동'은 당시 유럽의 조각가나 미술가와 함께하는 것이었고, 고유섭에 의해 자리 잡는 '한국미 운동'은 야나기와 같은 인물에 의해 발견되고 있었다.

고유섭의 미학 혁명은 이렇게 완성된다. 그들은 스스로 생각을 일구어나갔다. 고유섭이 야나기를 인용함으로써 그 둘의 관계는 드러나지만 고유섭과 캉유웨이, 야나기와 캉유웨이의 관계는 쉽게 드러나지 않는다. 아니, 물리적인 관계가 중요한 것도 아니다. 그러나 정신사적인 관점에서 그것은 고유섭의 한국 미학을 향한 길이었다.

고유섭, 그는 한국 현대미학의 창도자였다. 내가 한국인 가운데 일찍 죽어 안타깝게 여기는 유일한 인물이 바로 고유섭이다. 우리 나이로 마흔, 만으로 40세도 차지 않은 나이에 간질환증으로 죽은 그다. 그가 살아 있었다면 초기의 주장을 바탕으로 얼마나 많은 논설을 남겨놓았을까 안타깝기 그지없다. 그래도 그와 같은 인물이 있었기에 한국 현대미학을 논할 수 있게 되었다는 것이 불행 중 다행일 뿐이다.

경주에 가면 문무대왕 해중릉을 들러보라. 왜구를 물리치겠다고 바다에 묻힌 그의 바다 위 돌무덤을 바라보며 왼쪽 언덕 위의 정자를 보라. 그 정자 이견대利見臺에 올라 고유섭이 부른 〈대왕암의 노래〉를 소리 높여 읽어보라.

제2장

한나라의 옛 글씨로 돌아가자

― 캉유웨이: 서예와 미학적 전환

캉유웨이

야나기

고유섭

성도, 왕제, 인리, 물변

말은 어렵지만 뜻은 쉽다.

첫째, 성도聖道는 진리를 찾는 길이다. 성인聖人이 전해주는 진리를 추구하는 것이 가장 먼저다.

둘째, 왕제王制는 이상적인 정치다. 왕은 패覇와 다르게 도덕적인 군주를 가리킨다. 패는 권력만 있지만 왕은 백성을 제일로 여긴다. 맹자가 말한 왕도정치를 생각하면 된다.

셋째, 인리人理는 사람의 원리로 그 핵심은 윤리다. 윤리강상倫理綱常이 사람을 사람답게 해준다.

넷째, 물변物變은 사물의 변화다. 만물은 변화하며 사람도 그에 맞게 좇아가야 한다. 만물의 변화를 바라보지 못하는 사람은 그냥 머물게 되어 마침내 뒤처지게 된다.

캉유웨이의 『광예주쌍집』 서문 처음에 나오는 네 개념이다. 진리추구, 이상정치, 인간윤리, 사물변화가 세계를 이해하는 네 축이라는 말이다. 진리를 좇고, 이상적인 정치를 세우고, 윤리를 갖추고, 사물의 변화를 아는 것은 학자라면 반드시 해야 할 일이다.

캉유웨이는 이를 통해 자신의 세계관을 드러낸다. 진리의 추구만 할 것이 아니라 사물의 변화를 알아야 한다는 것이 바로 그것이다. 왕제란 정치적 제도를 가리키고, 인리는 인간의 원리다. 이상적인 제도와 인간의 원리는 지식인이라면 누구나 연구하는 대상이다. 그러나 이상적인 제도라고 해서 머물러 서고 이상적인 윤리라고 해서 멈추어 서면 안 된다. 왜 그런가? 만물은 변화하기 때문이다.

진리를 따르고 제도를 만들고 윤리를 세우면서 우리가 잊어서는 안 될 것이 바로 물변 곧 사물의 변화다. 이 점이 캉유웨이가 개혁론자임을 분명히 드러내는 부분이다.

물변과 변법

　만물의 변화를 당연시할 때 정치적 변화도 필연적인 것으로 받아들일 수 있다. 한마디로 말해, 정치개혁은 필수불가결한 것이다. 오늘날의 정치가 완성된 것일 수는 없다. 오늘의 정치는 어제의 정치를 개혁한 것이며, 오늘의 정치는 앞날의 정치를 위해 개혁의 대상이 된다. 현재 정치는 과거 정치의 완성이지만, 현재 정치는 또한 미래 정치의 발판이다.

　물변은 결국 변법變法을 낳는다. 변법이란 오늘날의 용어로는 개혁, 혁신, 변혁을 가리킨다. 법을 바꾼다는 것은 제도의 개혁을 뜻한다. 혁革은 딱딱한 가죽이 무두질로 말랑말랑해지는 것이므로 제대로 바뀌는 것을 가리킨다. 혁명革命의 혁 자나 피혁皮革의 혁 자가 통하는 까닭이 여기에 있다. 법은 단순히 법률을 가리키는 것이 아니라 법제法制와 같이 모든 제도를 말한다. 예법禮法도 법인 것과 같이 변법은 법을 없애자는 것이 아니다. 변법에 '스스로 강건해지자'는 자강自彊 운동이 따라붙는 것이 이와 같은 까닭에서다. 여기서 자강自彊은 자강自强과 같다. 변법자강變法自彊은 기존의 법제를 바꾸어 강건한 미래를 만들자는 개혁운동인 것이다.

　왕제王制와 인리人理조차 머물러 있어서는 안 된다. 정치는 왕제로 인리를 규정하는 것이며, 윤리는 인리를 왕제의 기초로 삼는 것이다. 진리의 탐구는 사물의 변화에서 출발한다. 왕제와 인리의 변화를 직시하라.

－ 캉유웨이: 서예와 미학적 전환

벗 선쩡즈의 충고

　1888년에서 1889년 사이에 캉유웨이는 『광예주쌍집』을 쓴다. 1898년 무술정변을 일으키기 10년 전 일이다. 북경에 머물면서 일이 뜻대로 되지 않아 머리카락이나 쥐어뜯고 있어 사람 같지 않을 때 벗 선쩡즈沈曾植가 충고한다.

> 큰 도는 방에 숨었고 작은 재주가 마당에서 우는구나. 높은 뜻은 침상에서 잠자고 교묘한 짓음은 변두리에서 드러난다. 깃대는 높으면 높을수록 바람에 상처받고 돌은 높이 쌓일수록 무너져 버리기 쉽다. 동해의 큰 거북은 우물에 발조차 넣지 못하고「장자」,「추수」, 용백의 거인은 작은 못에서 낚시하지 못한다「열자」,「탕문」. 그대는 엄청난 재목을 등에 지고도 횃대 말뚝이나 서까래를 얻고자 하니 어찌 인재라 하겠는가? 그대는 스스로 이기지 못하고 구석으로 다니니 그래서야 되겠는가.[1]

　선쩡즈의 설득은 이랬다. 도는 작거나 크지도 않고 있지도 없지도 않는데, 큰 것에만 매달리지 말라. 작은 그림 속에는 7일을 돌아다녀도 다니지 못하는 길이 있고, 주먹만 한 돌에도 험한 등성이와 깊은 골짜기가 있어 벌레와 이끼가 자라며, 한 방울 물에도 사해가 있어 해가 뜨고 달이 뜨는데 뭐하고 있냐. 재목은 크지만 재주를 큰 데에서만 발휘하려는 그대가 안타깝다는 요지다. 방안에서도 수백수천의 사자가 돌아다니고 귀신과 상제가 요술을 부릴 수 있는데 왜 그대는 마음속 빈 곳을 돌아보며 노닐 생각은 안 하느냐. 그 땅은 넓어 백성은 예

---

1. 『광예주쌍집』 상편 「머리말」, 15.

악禮樂을 수놓고 초목은 울창하다. 한 가지 기예에 통달하면 그것도 도에 들어가는 문이다.

선쩡즈의 논리는 장자의 '쓸데없는 것의 쓸데無用之用'였다. 쓸데 있는 것만 좇는 캉유웨이가 안타까웠다. 손이 트지 않는 약방문을 지닌 세탁소 주인이 손님에게 그것을 팔아 세탁을 그만두는 데 그쳤으나, 그 손님은 약방문을 내세워 수군水軍을 얻어 전쟁에서 이겨 나라를 얻는다는 『장자』 「대종사」의 이야기를 빌려 캉유웨이에게 충고한다.

캉유웨이는 선쩡즈의 말에 깨우침이 있어 글씨 쓰기에 전념한다. 세상일에 무용하게 된 사람이지만 글씨에 몸을 맡겨서 세월을 달랜 것이다. 그러다 보니 청나라에서 금석학은 많이 언급되지만 서예에 대해 말하는 사람은 적고, 서예를 말한 사람으로는 포세신이 제일이라서 그의 글 『예주쌍집』을 넓혀 『광예주쌍집』이 되었다는 것이 캉유웨이의 설명이다.

캉유웨이는 머리말에서 선쩡즈의 충고를 대부분 인용하는 것으로 자신의 서언을 대신한다. 제3장인 '좋은 비는 이런 것이다'를 무자년 섣달에 쓰기 시작하였고, 다음해인 기축년 섣달에 늘어진 소나무와 마른 버드나무의 시중을 들어 총 27장의 초고를 이루니, 꼭 1년 만에 『광예주쌍집』을 쓴다. 그의 표현대로 무자년과 기축년 사이戊己之際의 일이다.

달인

달인의 표정은 밝다. 무엇 하나에 통달한 사람이 지니는 원숙함과 즐김이다. 최상의 길을 가면 원숙해지고 원숙함은 여유로움을 가져다준다. 하나 더, 달인은 일을 즐긴다. 즐기기 때문에 더 나은 길을 생각하게 되고 그러다 보니 숙련에 이른다.

서예의 길도 그렇다. 서예를 작은 기예라고 캉유웨이는 여긴다. 그러면서도 그 기예를 통해 일정한 진리에 이를 수 있다고 그는 믿는다.

연못이 시꺼멓게 변할 정도로 글씨를 썼다는 서예가의 이야기가 있듯, 연습은 필수다. 벼루가 구멍이 나야 멈출 정도로 노력해야 한다. 그럼에도 배우고 익히는 방법이 있다는 것이 캉유웨이의 생각이다. 하다못해 1년만 제대로 써도 좋은 글씨를 쓸 수 있다고 주장한다.

캉유웨이의 글씨는 유명하다. 글씨가 유명한 것이 반드시 글씨의 품격과 직결되는 것은 아니지만, 그가 말년을 보내던 칭다오靑島 곳곳에 그의 글씨가 남아 있다. 우리나라에도 금석학운동의 거두인 옹방강翁方剛 글씨뿐만 아니라 캉유웨이의 대련對聯도 전시되고 있다.[2] 대련이란 대구의 시로 기둥이나 문 양옆에 걸 수 있게 쓴 것을 말하는데 다섯 글자씩 열자로 된 캉유웨이의 글씨는 당시 금석학운동의 분위기를 담고 있다.

왜 그의 글씨가 한국의 미술관에 있을까? 그것은 월전 장우성 (1912~2005) 화백이 금석학운동에 대해 알고 있었기 때문이라고 보인다. 장우성 화백은 재기발랄하게 현대 여성의 활기찬 모습을 그림으로 남기기도 하지만, 한편 그림 옆에 글씨를 남기던 서예가이기도 했다. 그가 『한벽논총』이라는 무게 있는 동양예술 관련 논문집을 냈던 것을 기억하자. 나도 생전의 그를 도와 논문을 게재한 적이 있다. 장우성은 화가로서 일생을 마무리하고 캉유웨이는 이것저것 정치적인 일에 꼈지만, 그 둘이 서예의 달인이었던 것만큼은 부정할 수 없다. 장우성의 작품은 모두 이천시에 기증되었다.

---

2. 『광예주쌍집』, 5. 이천시립월전미술관 소장본.

캉유웨이의 대련 (150×40cm)

화정의 학은 높은데서 울고　華亭鶴高唳 화정학고려
창해의 용은 한낮에야 난다.　蒼海龍午飛 창해용오비

캉유웨이의 극단성

캉유웨이의 일생을 볼 때 그의 성격은 상당히 극단적인 것으로 보인다. 과거시험을 포기하고 개혁운동에 전념하였지만 조정은 아무런 반응이 없었다. 그의 표현대로 머리를 산발한 채로 폐인처럼 지냈다. 그때 작은 기예에도 진리가 있다고 말해준 선쩡즈 덕분에 서예 연구를 결심하고, 포세신을 모범으로 삼는다. 그런데 재밌게도 캉유웨이는 포세신에 대해 양가적인 감정을 보인다. 포세신이 이상적인 모범이긴 한데 그의 잘못도 크다는 생각이다.

> 포세신의 「논서論書」[3]는 정밀하고 상세함이 지극해서 후세의 새로운 학파를 열었다. 그러나 그 요점은 손가락을 움직이는 것으로 귀결된다. 엄지가 필관을 높이 들 수 있으면 필봉은 저절로 열리는데 구양수와 소식의 설을 인용하여 증거를 댔다. (…) 그 설은 조잡한 오류로 가소롭다.[4]

포세신의 설이 구양수와 소식에 바탕하고 구양수와 소식의 설이 조악하고 가소롭다는 어투로 에두르고 있지만, 결국 포세신도 마찬가지라는 것이 캉유웨이의 주장이다. 『예주쌍집』이라는 명저에 기대면서도 그것을 극복의 대상으로 삼는다. 포세신조차 금석학의 원리를 제대로 깨닫지 못한 첩종이 중심의 서예가로 몰고 간다.

> 포세신의 「논서」는 비록 정밀하고 견문이 이에 이르렀지만, 팔이 수평이 되고 엄지가 옆으로 버텨야 한다는 설을 논하지 않았다. 생각건대, 그는

---

3. 『예주쌍집』의 편명.
4. 『광예주쌍집』, 제20장 「붓은 어떻게 잡아야 하는가」, 354.

이것을 몰랐다. 그러므로 기술은 매우 깊었지만 글씨는 여성스럽고 약함에 늘 빠져 있었다.[5]

집필법으로 캉유웨이는 "팔이 수평이면 수안手眼, 손을 모으면 달걀 같이 되는 곳이 아래로 향한다. 엄지를 옆으로 버티게 하면 그 손가락이 평평해지고 아래를 잡게 된다"[6]고 한마디로 정리한다. 이렇게만 쓰면 좋은 글씨를 쓸 수 있다.

이는 참으로 극단적인 판단이다. 그러나 캉유웨이는 신념에 차 있다. 이사, 채옹, 왕희지, 나아가 모범으로 삼는 북비의 〈양대안조상기〉, 〈위령장조상기〉, 〈혜감조상기〉도 그랬다. 전서, 해서, 행서, 초서에서도 마찬가지다. 집필이 되어야, 곧 붓을 제대로 잡아야 글씨가 비로소 된다.

과연 캉유웨이는 어디서 이런 자신감을 얻었을까? 그것은 바로 예서를 중심으로 하는 금석학운동에서 비롯한다. 예서는 옆으로 납작하기 때문에 가로획이 어렵고 다음으로 세로획이 어렵다. 위의 자세는 팔뚝이 열려 가로획을 잘 쓸 수 있게 해준다. 결국 캉유웨이는 예서를 진범으로 삼는 금석학 이론에 기대 자신의 주장을 강력하게 펼치고 있는 것이다.

예서隸書

우리가 일상적으로 아는 것은 전서, 예서, 해서, 행서, 초서다. 전서篆書는 초기 형태의 문자이고, 예서隸書는 그것을 정리하여 일정한 형태

---

5. 『광예주쌍집』, 제20장 「붓은 어떻게 잡아야 하는가」, 360.
6. 『광예주쌍집』, 제20장 「붓은 어떻게 잡아야 하는가」, 359.

− 캉유웨이: 서예와 미학적 전환

전서 〈역산각석(嶧山刻石)〉, 기원전 219, 진   예서 〈첨산마애(尖山摩崖)〉, 579, 북제

해서 〈소자묘지명〉, 603, 수   행서 〈쟁좌위고(爭座位稿)〉, 안진경, 764, 당

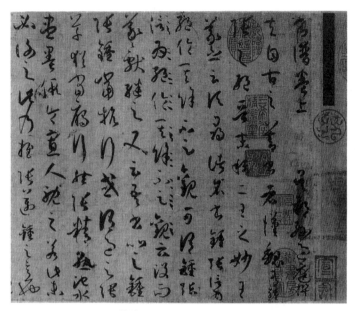

초서 〈서보(書譜)〉, 손과정, 687, 당

로 범주화시킨 것이다. 해서楷書는 오늘날 쓰고 있는 한자 형태로 정형
적인 모습을 갖춘 글씨를 말한다. 행서行書는 조금 빨리 휘갈겨 쓴 글
씨이고, 초서草書는 완전히 휘갈겨 쓴 글씨다.

전서는 진시황 때 승상이었던 이사李斯가 문자 통일을 위해 만든 글
씨로 도장에 많이 쓰여 도장체라고도 한다. 여기서 전篆은 대나무에
쓰려고 만든 글씨임을 가리킨다. 고대의 책은 나무가 많았다. 목간木
簡이 바로 그것인데, 간찰簡札이 편지를 가리키게 된 것도 긴 대나무에
글씨를 적어 마치 패처럼 전달했기 때문이다. 오늘날 책冊 자는 그 패
를 꿴ㄲㄲ + – 모습이다.

예서의 예가 노예奴隸의 예 자이기 때문에 이것과 노예의 관련이 언
급되어, 노예를 부리기 위해 만들어진 글씨라고 일컬어진다. 그런데
이것은 지나친 추측이다. 우리가 한글을 언문諺文이라고 낮춰 불렀던

것처럼 전서에 비해 간략한 이 글씨를 노예나 쓰는 글씨로 부르다 보니 예서라는 이름이 붙은 것으로 생각된다. 우리가 언해諺解라면서 그다지 나쁜 의미를 떠올리지 않는 것과 같다. 상놈의 상常이 반상班常의 구별에 따라 양반과 상인으로 나뉨에 따라 나온 낮춤말이지만, 오늘날 일상日常과 상식常識의 상을 나쁘게 볼 사람은 없다. 편한 글씨, 간추린 글씨 정도로 보면 된다. 예서는 대체로 미적인 형태만 다를 뿐 오늘날 우리가 쓰는 해서와 비슷하다.

해서의 해楷 자는 기준이나 표준을 가리킨다. 이를테면 본보기인 셈이다. 마치 우리나라에서 KS 표준 한자를 공표하듯, 일본에서 표준약자略字로 해서체의 획순을 줄이듯, 현대 중국이 간자체簡字體로 한자를 축약하듯이, 해서에는 이에 맞추어 쓰라는 뜻이 담겨 있다. 그리하여 오늘날도 우리나라는 해서체로 한자를 쓰는 것이다.

행서는 말 그대로 흐르는, 걷고 있는, 행동行動하고 활동活動하는 글씨다. 공식문서에서야 해서를 쓰지만 필기할 때는 행활行活할 수밖에 없다. 그럼에도 해서에서 크게 벗어나지는 않는다. 본보기의 글씨를 좀 빨리 쓴 글씨체다. 그러나 해서가 완성되기 전인 한나라 때 이미 유덕승劉德昇이 행서를 만들었다고 전해진다.

초서가 풀 초草로 형용되는 것은 풀처럼 엉켜 있는 듯 보이는 휘갈겨 쓴 글씨이기 때문이다. 무슨 글씨인지 잘 몰라서 초서사전이 있을 정도다. 마치 속기록을 배워 쓰듯 관례에 따라 줄여쓴다. 현대 간자체도 초서에서 따온 것도 많다. 줄이기 위해 그 어려운 초서조차 빌려왔다는 것이 재밌다. 그런데 주의할 것은 사람들이 초서가 행서 다음에 나온 글씨체로 오해한다는 점이다. 5체가 있어 전·예·해·행·초로 말하는 것은 일반적이지만 이것이 반드시 역사적 순서는 아니라는 점을 명심해야 한다. 예서도 역시 초서로 썼으니 그것을 예초隸草라고 부른다.

그런데 예서는 전서처럼 또박또박 쓰는 것이 일반적이었다. 특히 불상과 같은 조형물을 만들고 쓴 조상기造像記나 죽은 사람의 일생을 기리는 묘지명墓誌銘에 함부로 글씨를 쓸 수는 없는 일이었다.

캉유웨이뿐만 아니라 청대 금석학자들이 주목한 것이 바로 한나라 때 쓰인 예서였다. 한나라의 글씨가 중국 서예사에서 가장 모범적인 글씨라는 것이다. 그들의 주장은 한나라의 예서를 바탕으로 삼아야 글씨를 잘 쓸 수 있다는 것으로 요약된다. 상대적으로 캉유웨이는 당나라 때 글씨를 가장 낮추어본다.

글씨는 변한다

여기서 말하는 글씨는 자체字體 곧 글자체를 가리킨다. 한글의 자체는 바뀌었다기보다는 많이 줄었다. 'ㅿ'이나 'ㆁ'은 물론, 순경음 'ㅸ, ㅹ, ㆄ'이 사라지고 복잡했던 복자음과 복모음도 줄었다. 그러나 기본 자체가 변한 것은 아니다. 초창기의 음성학적 원리가 현실에 맞게 줄어들었을 뿐이디. 한글을 궁서체로 쓴다고 해서 자음과 모음이 변하는 것은 아니다. 그런 점에서 궁서체라고 할 때, 체는 하나의 풍風일 따름이다. 영어를 필기체로 쓴다고 해서 알파벳이 달라지지 않는 것과 같다. 그러나 한자는 역사적으로 매우 많이 변한다.

표음문자가 아닌 한자의 특성상 어쩔 수 없는 형태의 변화가 시간의 변화에 따라 이루어지는 것은 어쩔 수 없다. 물론 그렇다고 해서 한자가 마치 상형문자로만 되어 있는 것으로 생각하는 것은 정말로 잘못된 생각이다. 해 일日과 달 월月 그리고 코끼리 상象 자처럼 꼴을 그린 상형象形도 있지만, 상하上下처럼 기준선을 중심으로 위아래를 가리키는 지사指事도 있다. 그러나 이보다 가장 많은 것은 일단 생긴 한자의 음을 따서 현행의 발음을 표시해 주는 형성形聲이다. 실상 한자 가운데에서는 형성자가 대부분을 차지한다. 일日 자 옆에 말 마馬를 붙인 일騳은 역마驛馬를 가리키고, 월月 자 옆에 칼 도刀를 붙인 월刖은 뒤꿈치를 자르는 형벌을 말하고, 상象 자 옆에 사람 인人을 붙인 상像은 닮은 꼴을 뜻한다. 마찬가지로 모두 발음 요소를 취한 것이다. 상象 자 옆에 나무 목木을 붙이면 상수리나무 상橡 자가 된다.

한자가 상형문자라는 것은 시작의 형태뿐이지 통용되는 한자와는 거리가 먼 이야기다. 상형의 인상이 워낙 강해서 한자가 지닌 표음表音의 역할을 지나치는 것은 큰 잘못이다. 언어학적으로도 기표記表, 가리키는 것(signifiant)가 없는 기의記義, 가리켜진 것(signifié)는 없는데, 중국어라고 해서 소리가 꼴의 뒤일 수는 없다. 캉유웨이는 이런 발전 과정을 잘 알고 있었다. 모든 문자는 상형에서 시작되었다고 주장하면서 사람의 영민함 때문에 스스로 그칠 수 없어 여러 번 바뀐다고 말한다.

오직 중국만이 그런 것이 아니다. 외국도 그렇다. 근년에 이집트에서 땅을 파 삼천 년 된 고문자를 얻었는데 곽숭도가 사신으로 그곳을 지나다가 수십 장의 탁본을 구입하였다. 그 문자는 중국의 과두문이나 충전蟲篆, 벌레 같은 모양의 전서과 매우 닮았고 모두 상형이었으니, 이것으로 문자의 시작은 상형에서 비롯되었다는 것을 알 수 있다.[7]

이집트의 상형문자를 예로 든 것은 충분하지 못한 논거지만, 알파벳의 탄생도 페니키아의 상형자에서 기원한다고 본다면 캉유웨이의 말이 틀린 것은 아니다. 중요한 것은 중국 문자의 경우 지속적으로 변해 왔다는 점이다.

---

7. 『광예주쌍집』, 제1장 「글씨란 무엇인가」, 39~40.

그리하여 충전에서 주문으로 변하고 주문에서 진분소전으로 변했다. 또 진분에서 한분으로 변했고 한분에서 해서와 행, 초서로 변한 것은 다 사람이 영민하여 스스로 그칠 수 없었기 때문이다.[8]

서양의 알파벳은 나라마다 차이가 있지만 표음의 기능으로 발음 요소가 확정되면서 자체가 크게 변했다고 보기는 어렵다. 그리스 문자와 현대 유럽어 문자의 차이 정도다. '알파벳'이라는 것 자체가 '알파, 베타'를 가리킨다. 오늘날 러시아의 글씨인 키릴 문자도 키릴 신부에 의해 인공적으로 창조되긴 했지만 그리스어를 기반으로 했기 때문에 그리스어와 비슷하다. 그러나 중국 문자는 예서나 해서로 안착되기 전까지 많은 변화를 겪는다. 표의의 독특성 때문에그림이기 때문에 쉽게 형태가 안착되지 못했고, 따라서 발음 요소가 확정되기까지 많은 변화를 겪는다.

중요한 것은 중국의 문자는 적어도 세 번의 큰 변화를 겪었으며, 그 문자들이 모두 잘 남아있다는 사실이다. 대전에서 소전, 소전에서 예서, 예서에서 오늘날의 해·행·초로 변한다. 올챙이 모양의 과두문蝌蚪文이나 벌레 모양의 충전은 남아 있는 글씨가 많지 않지만 이후의 것은 헤아릴 수 없이 많은 글자가 있다. 정리하면 이렇다.

① 과두문과 충전은 창힐과 저송이 만들었다고 전한다.
② 고문에서 주나라 대전주문(籀文)이 나왔다.
③ 대전에서 진나라 소전진분(秦分)이 나왔다진시황 때 이사가 만듦.
④ 소전에서 한나라 예서한분(漢分)가 나왔다.

8. 『광예주쌍집』, 제1장 「글씨란 무엇인가」, 40.

— 캉유웨이: 서예와 미학적 전환

글씨를 배우는 사람에게는 ②에서 ④까지의 세 변화가 중요하다. 캉유웨이는 분分 곧 팔분八分이라는 용어를 애용한다. 특히 '진분' 곧 진나라의 팔분이라는 말은 그의 독자적인 개념이다. 왜 그럴까?

팔분八分

캉유웨이에 따르면 분分은 문자변화 과정에서 일반적인 현상으로 드러나는 것으로, 크게 진분과 한분으로 나뉜다. 전통적으로 한나라 팔분八分인 한분은 많이 이야기됐지만, 진나라의 팔분은 말해지지 않았다. 여기에 캉유웨이의 의도가 담겨 있다.

캉유웨이는 문자가 변한다는 데 초점을 둔다. 그런데 변화는 단절되는 것이 아니라 연속되기 때문에 과거의 모양이 현재의 모양에 남는다. 현재의 모양이 미래의 모양으로 바뀔 때도 마찬가지다. 단적으로 소전에는 대전의 형태가 있고, 예서에는 소전의 형태가 있다. 하다못해 후한동한 말의 예서에는 미래에 올 해서의 형태가 있다.

먼저 필의筆意라는 말을 배워보자. 필의는 글씨 형태의 원형적 의식을 뜻한다. 어떤 글씨를 쓰더라도 본인이 지향하는 서체가 있을 것이고, 그것을 필의라고 부른다. 서예의 프로토타입prototype이다. 해서를 쓰면서도 의식적으로 예서를 닮고자 하면, 예서의 필의가 있다고 말할 수 있는 것이다.

주나라의 대전주문이 진나라의 소전으로 변화하니 소전에는 대전의 필의가 많고, 소전이 전한서한의 예서로 변화하니 전한 예서에는 소전의 필의가 많다. 한나라 때 청동기에 새긴 글씨인 종정문鐘鼎文에는 소전의 필의가 많아 전서와 예서의 중간쯤의 형태를 취한다. 반대로 후한 말의 예서는 이미 해서에 가깝다.

구체적으로 말하면, 소전의 많은 획이 사라지고 납작하게 쓰면서 서한예가 되고, 서한예에 파임 또는 삐침파책(波磔)9을 더하면 동한예가 된다. 그러니까 한예도 두 종류인 것이다. 삐침이 없는 예서와 있는 예서로 나뉜다. 삐침이 없는 것을 고예古隸, 삐침이 있는 것을 팔분八分으로 나누어 부른다.

물론 이러한 구분은 최근의 발굴로 수정되어야 한다. 둔황燉煌 석굴에서 발견된 목간에서 삐침이 있는 글씨가 나오기 때문이다. 당연히 캉유웨이도 이런 고고학적 성과를 모른 채 주장하는데, 중요한 것은 팔분의 뜻이다. 팔분설은 학자에 따라 세 가지로 나뉜다.

① 파책의 유무에 따라 전한 예서를 고예로 부르고 후한 예서를 팔분으로 부르는 까닭은 팔八 자의 모양이 서로서로 등을 맞댄 것처럼 보이기 때문이다. 좌우로 시각적인 균형을 맞추기 위해 삐침을 넣었다는 말이다. 한마디로 좌우대칭설이다. 포세신이 이렇게 주장했다.

② 오히려 전한의 글씨가 팔분이고 동한의 글씨가 예서다. 이때 팔분은 소전의 필의가 80% 남아 있다는 뜻이다. 채옹, 채염이 이 설을 옹호했다. 그런데 이 설은 한대에 국한한 설명으로 다른 시대를 말하지 않는다.

③ 그런데 전 시대에 걸쳐 80%의 필의가 남아 있다고 주장하고 그것을 팔분이라고 정의하는 것이다. 『예개藝槪』를 쓴 유희재와 캉유웨이가 이런 주장을 취한다.

현재 학계에서 일반적으로 통용되는 팔분설은 ①이다. ②는 ①과 상충되지만, ①과 ②의 용례가 둘 다 있다고 생각하는 서예가는 장회관,

---

9. 한 획에서 왼쪽에서 오른쪽으로 나아가면서 굵어지고 날아가는 듯 쓰는 것. 파책은 물결이 찢어지는 것을 말한다.

옹방강이다. 위에서 말했듯이, 전한에도 삐침이 있는 글씨가 나오기 때문에 ①, ②, ③은 공통분모를 갖는다.

글씨는 시대에 따라 변화하고, 변화는 시대마다 반복된다는 생각을 캉유웨이는 옹호한다. 따라서 팔분은 80%의 승계를 가리키게 된다. 오늘날 중국의 간체자簡體字도 변화라고 생각한다면 간체簡體는 번체繁體의 80%를 계승하고 있는 셈이다.

노예의 글씨가 아니다

캉유웨이의 주장에는 한대에도 그랬지만 청대에도 반복되는 금문경학과 고문경학의 대립이 그 배경으로 깔려 있다. 캉유웨이는 유흠의 고문경학이 모두 위작이라고 판단한다. 그 전에는 그냥 문文 곧 글씨라고만 불렀는데, 유흠이 전篆과 예隸로 나누기 시작하여 고문으로 위작을 만들어내었고 오히려 믿을 만한 예서를 노예의 글씨로 불러 금문경학을 비하했다는 것이다.

> 사실 옛날에는 '주문대전', '전서', '예서'라는 이름은 없었고 다만 '문'이라고 불렀을 뿐이다. 이름을 만들어서 문자를 비난하거나 찬양한 것은 사실상 유흠으로부터 시작되었다. 또 공자의 『오경』에는 '주', '전', '예' 세 자가 없다. 위작인 『주관』에만 가장 많은데 『장자』, 『한비자』를 인용한 것이다.[10]

---

10. 『광예주쌍집』, 제5장 「변한 글씨도 다시 나뉜다」, 161.

캉유웨이는 전서와 예서라는 구분 자체가 유흠의 위작 기도의 일환이었지만 이에 따라 그 구분이 2000년 동안 자리 잡게 되었다고 주장한다. 노예의 글씨를 뜻하는 예서라는 말도 『한서』「예문지」에서 진나라 때 처음으로 만들어 감옥에서 쉽게 쓰게끔 만들었다고도 하고, 허신은 진나라 사람인 정막이 복잡한 글씨를 단순하게 만들어 감옥에서 죄수노예에게 쓰게 하였다고도 하는데, 이 모두 금문경학을 욕되게 하기 위한 것이라고 단정한다.

캉유웨이의 생각은 결국 고문보다는 금문, 전서보다는 예서에 무게 중심을 두는 것이다. 예서가 전서보다 간략해서 못한 것이 아니라, 예서는 전서의 역사적인 발전으로 전서의 80%를 간직한 서체라는 것이다. 진분소전은 대전의 8할을, 한분예서은 소전의 8할을 지닌다. 따라서 팔분은 역사를 담는 서체를 일컫는 말로 성립된다. 흔히 일반적으로 일컫는 팔분은 후한의 예서를 가리키지만, 전한의 예서에 삐침을 더했더라도 8할은 기존의 예서와 같다는 점에서 팔분으로 불린다는 것이 캉유웨이의 생각이다. 마찬가지로 해서는 예서의 팔분을 얻어 넓적한 펴방형에서 길쭉한 장방형으로 변화한다.

캉유웨이는 이런 관점을 통해 예서의 복원을 꾀한다. 오히려 공자의 벽에서 나왔다는 전서가 가짜고, 팔분이야말로 서체 변화의 역사를 담는 개념이라는 것이다. 그것이 진대의 팔분이건 한대의 팔분이건 변화를 담고 있는 훌륭한 서체라고 주장한다.

이런 주장의 시초는 유희재의 『예개』「서개書槩」에 나오기 때문에, 캉유웨이는 그를 극찬한다. 그러면서 변화를 보지 못하고 서체가 독립되어 존재하는 것처럼 말하는 고문학파를 힐난한다.

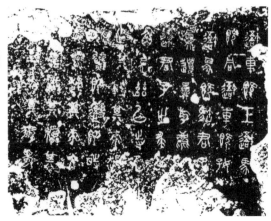

〈석고문〉(10기), 원석(왼쪽), 탁본(오른쪽), 전서, BC 770~374, 전국시대

이제 그것을 구별해 보자. 〈석고문〉[11]이 공자 때의 정문正文으로 자리 잡으면서 진나라 전서는 정문의 팔분을 얻어 '진분'이라 이름 지었다는 것이 오구연의 설이다. 서한의 글씨는 파책삐침이 없고 전서와 예서 사이에 있으므로 '서한분'이라 이름 지었다는 것이 채옹의 설이다. 동한의 글씨에는 파책이 있으므로 '동한분'이라 하고 총칭하여 '한분'이라 한 것이 왕음과 장회관의 설이다. 해서를 '금분'이라 하는 것은 채희종과 유희재의 설이다. 팔분의 설이 정해졌으니 전서, 예서라는 거짓 이름은 이에 따라 없애 버릴 수 있다.[12]

팔분은 변화의 과정을 중시한다. 그러나 '전서다, 예서다'라고 하는 규정은 마치 무엇이 고정적으로 있는 것처럼 여기게 만든다. 따라서

11. 중국에서 가장 오래된 석각으로, 주문(고문)으로 쓰였다. 너비 약 60cm, 높이 약 90cm의 북 모양의 돌 10개라서 석고(돌북)라는 이름이 붙었다.
12. 『광예주쌍집』, 제5장 「변한 글씨도 다시 나뉜다」, 174.

전서, 예서라는 거짓이름으로 사고를 규정시켜서는 안 된다. 팔분이라는 이름으로 변화의 가능성을 열어라. 오늘날 쓰고 있는 해서체가 전부가 아니다. 해서도 금분今分 곧 오늘의 팔분일 따름이다.

예서의 권위

캉유웨이는 한나라의 글씨를 최고로 친다. 한나라 때만큼 글씨가 융성한 적은 없었다고 평가한다. 여기서 글씨의 융성은 문자의 정리나 서체의 개발을 가리킨다.

> 나는 글씨가 한나라 때만큼 성행한 적이 없다고 말한다. 그 기세도 고고했지만 체제의 변화도 가장 많아서 백대를 풍미했다. 두도는 초서를, 채옹은 비백을, 유덕승은 행서를 만들었는데 이들은 모두 한나라 사람이다. 한나라 말기에는 해서로 변화했는데 후세에도 벗어나지 못했다. 한나라에 이르러 체제의 변화가 이미 극에 달했다.[13]

한나라에서 행서와 초서가 모두 나왔다는 것이다. 행초가 무엇인가? 빠른 필기법이다. 한나라 말기에 이미 해서의 모양이 나왔다고 하니, 전서를 제외하고는 예서, 해서, 행서, 초서가 모두 한나라 때 나온 것이다. 캉유웨이의 설에 따라 예서도 소전의 80%를 담고 있다고 본다면 거의 모든 글씨가 한나라 때 이루어진 셈이다.

금문학파였던 캉유웨이는 고문학파였던 유흠을 비난하면서 전서라

---

13. 『광예주쌍집』, 제4장 「시대에 따라 글씨는 변한다」, 141.

는 것도 유흠이 제멋대로 지은 이름이라고 하여 전서의 독립적인 지위를 박탈한다. 대전大篆이라 불리는 주문籀文의 주籀 자나, 이사가 문자를 정리하면서 만든 글씨인 소전小篆의 전篆 자가 모두 유흠의 창작이었다면 전서의 권위는 무너지고 예서의 권위가 세워진다.

진시황의 분서갱유 이후 사라진 경전이 공자의 집 담벼락에서 한꺼번에 쏟아져 나왔다는 이야기를 만들어 자신의 구미에 맞는 경전을 날조하여 신나라 왕망의 권력을 옹립하려던 유흠의 창작인 전서에 매달릴 필요가 없다는 것이 캉유웨이의 주장이다. 게다가 캉유웨이의 팔분에 대한 해석을 충실히 따르면, 진분은 주문의 80%이고 한분은 진분의 80%이니 예서는 64%나 대전의 형태를 지니고 있는 것이다. 예서 가운데에서도 고예가 아닌 삐침이 있는 예서팔분라고 하더라도 최소한 51.2%나 전주篆籀의 필의를 담는다.

그리고 예서에서 행서와 초서 나아가 비백과 같은 간략하고 속도감 있는 서체까지 개발이 되었다면 우리는 예서를 모범으로 삼지 않을 수 없다. 해서는 예서의 모방을 원천으로 조금 변형을 시도한 글씨에 불과한 것이다. 그런데도 나중에 나온 해서를 기본으로 글씨를 쓴다는 것은 전후상하가 바뀐 일이 되고 만다. 모든 글씨의 원천은 이와 같이 한나라다.

우리가 한문漢文이라고 부르고 중국인들이 현대 중국어를 한어漢語라고 부를 때의 한漢이다. 한은 전한서한, 후한동한을 모두 합하면 중국 왕조사에서 보기 드문 500년가량의 역사를 지니니 그 문화적 역량은 가히 최상이라 할 만하다. 중국인들은 여전히 자신들을 한족漢族이라 부른다. 그리고 그들은 우리나라의 말과 글을 한문韓文이라고 부른다.

방자한 예서

그렇다고 해서 캉유웨이가 예서에 대해 칭찬만 하는 것은 아니다. 그의 철저한 비판력은 예서에까지도 미친다. 캉유웨이는 한말에 유행하는 삐침이 지나치게 방자해졌다고 말한다. 억지로 멋을 부리기 시작했다는 것이다. 지나치면 싫증이 나는 법, 그래서 새 길을 찾다 보니 해서가 나오게 되었다.

> 한나라 말기에는 파책삐침의 방자함이 극에 달했다. 그것이 오래되니 파책에 싫증이 났고 또한 진분소전의 원필을 조금씩 섞으니 해서로 변했다. 오늘날 보는 종요의 여러 첩과 삼국의 여러 비는 모두 방형을 깨어 원형으로 만들어 무밀함과 웅강함을 아름다움으로 삼았으니 다시 나뉘게 되었다.[14]

개념상 이해할 것이 있다. 그것은 원필圓筆과 방필方筆이다. 원필은 둥글둥글하게 글씨를 쓰는 법이고, 방필은 모나게 글씨를 쓰는 법이다. 원은 동그라미, 방은 네모를 가리킨다. 주로 꺾임을 부드럽게 처리했는지, 아니면 모나게 처리했는지에 따라 원필과 방필이 결정된다.

동아시아인은 하늘은 둥글고 땅은 네모나다天圓地方고 여겼다. 단순히 둥글고 네모라는 생각이 아니다. 하늘은 별들이 북극성을 중심으로 원운동을 하니 둥글고, 땅은 해와 달이 하늘을 가로지르며 직선운동을 하니 네모라고 생각한 것이다. 원이라는 생각은 지구地球라는 원구圓球 개념과 연결되고, 방이라는 생각은 동서남북이라는 사방四

---

14. 『광예주쌍집』, 제4장 「시대에 따라 글씨는 변한다」, 140.

원필의 예 〈왕언묘지명〉, 해서, 543, 동위

방필의 예 〈양대안조상기〉 부분,
해서, 504~507, 북위

方의 관념과 직결된다. 보통 육기六氣와 같이 여섯 또는 육면을 내세우는 경우, 동서남북에 상하를 더한 것이다. 평면에서는 4방, 입체에는 6방이 된다. 따라서 원방은 세계의 기본이기 때문에 서예조차 두 상대 개념으로 설명하는 것에 익숙하다. 원필은 부드러운 꺾임, 방필은 거친 꺾임으로 보아도 좋다. 방필은 모를 보이는 필법이기 때문에 실제적으로는 각필角筆에 가깝고, 원필은 상현上弦 달, 하현下弦 달이라고 할 때의 활시위가 당겨진 모습을 가리키는 현필弦必에 가깝다.

한대의 방필이 이후 해서의 원필로 나가게 된 까닭을 캉유웨이는 설명하고 있다. 그렇다고 새로운 것이 아니다. 방필에 소전의 원필을 조금 가미하니 해서가 된 것뿐이다. 오늘날 숭상하는 종요鍾繇(151~230)의 첩과 삼국의 비는 모두 네모난 곳고(觚)을 깨서 둥글게 만든 것이다. 우리식 표현으로는 각진 데를 없애 부드럽게 만들었다는 말이다.

진나라 때 위항은 『사체서예』라는 책에서 팔분은 모두 모홍의 법이라고 했는데, 이를 캉유웨이는 "모홍의 팔분이 많았다, 적었다 했다"는 표현을 들어 원방의 증감을 입증한다. 팔분이 증감한다는 것은 바로 원방이 증감한다는 뜻이라는 것이다.

캉유웨이에게 고정된 필법이란 없다. 전형적인 필법은 있어도 불변의 필법은 없다. 삐침조차 양적으로 증감이 된다. 시작할 때는 멋있었지만 지나쳐서 오히려 돌아간다. 모난 방필이 참신했지만 그것이 심해지면 둥그런 원필로 회귀한다.

캉유웨이는 이를 변려문이 극에 달하면 고문을 숭상하게 되는 것으로 비유한다. 변려문이란 무엇인가? 사륙변려체四六駢儷體라고 하듯이 모든 문장을 4와 6을 맞추어 나란히 짝지어 달리게 하는 것을 가리킨다. 이에 당의 한유가 고문운동을 시작하여 자유로운 문장을 쓰자고 한다. 이처럼 삐침도 극에 달하면 원필을 지향하게 된다는 것이다. 그러나 변려문과 고문이 수차례의 변화를 겪은 다음에는 뒤섞일 수 없는 것처럼, 원필과 방필도 뒤섞일 수는 없다.

일반적으로는 삐침이 없는 전한의 예서를 고예, 삐침이 있는 후한의 예서를 팔분이라고 부른다. 여기서 캉유웨이가 말하는 것은 후한의 예서 팔분의 경우다. 고고학적 발견으로 전한에도 이미 삐침이 있는 예서가 없지 않았음이 밝혀졌지만 말이다.

왜 글씨를 말하나

처음으로 돌아가 우리가 왜 서예를 말하는지 말해보자. 서예계에서 회자되는 말이 있다. "글씨는 그 사람과 같다書如其人." 글씨에는 사람의 인격이 고스란히 드러난다는 것이 서예계의 일반설이다. 감각의 아둔함, 성격의 급함, 전체를 보는 안목, 작은 데 매달리는 조잔함 등이 모두 드러난다는 것이다. 따라서 전통 사유에서는 서예를 통해 인격을 수양한다고 여겼다. 오늘날 서예학이 인격 도야와 관계되어 설명되는 까닭이 여기에 있다. 손과정孫過庭[15]은 『서보書譜』를 마무리하면서 다음과 같이 말한다.

처음 글씨 놓는 자리를 배울 때 오직 평정平正만을 구한다. 평정을 알게 되면 험절險絕을 힘써 추구한다. 험절할 줄 알게 되면 평정으로 복귀한다. 처음에는 아직 모자란 것이고, 가운데는 지나친 것이고, 나중에야 회통하니, 회통할 즈음에 사람과 글씨가 모두 늙게 된다.[16]

여기서 평정은 좌우대칭 등 안정감을 가리키고, 험절은 험준한 절경처럼 멋부림을 가리킨다. 그러나 마지막에는 다시 평정으로 돌아와야 한다는 것이다. 마치 '산은 산이요, 물은 물이다'에서 '산은 산이 아니요, 물은 물이 아니요'로 나갔다가 다시 '산은 산이요, 물은 물이다'로 돌아오는 것과 같다. 처음에는 아직 뭘 모르는 것이고, 중간에는 온갖 기교를 다 부리지만, 결국에는 둘을 모두 통달하게 된다. 그러면 사람도 늙고 글씨도 늙는다. 늙는다는 것이 나쁘게 보면 허무하게 느껴질 수 있지만, 좋게 보면 노련미와 원숙미가 넘침을 가리킨다. 세월이 가야 사람도 글씨도 이루어진다는 것이다.

아직 머무름을 깨닫지 못하고 재빠름만을 좇거나, 빠르게 못하면서 거꾸로 더디고 무거운 것만을 본받는다. 재빠름은 초탈하여 방일할 기회

15. 648?~703?. 당나라 서예가.
16. 『서보』.

이고, 느리게 머무는 것은 감상이 모이게끔 다하는 것이다.[17]

　참으로 어렵다. 빨라도 안 되고, 느려도 안 된다. 멈출 때 멈출 줄 모르고 빠르기만 해도 안 되고, 느려터져 뭉기고 있어서도 안 된다. 「서보」는 머무름을 '엄류淹留'라는 전문용어로 말한다. 엄류는 충분히 붓을 담가 머무름을 가리킨다. 따라서 빨리 쓸 줄 아는 사람이 머무르는 것이다. 빠름도 날카로우면서 힘이 있게 나감을 뜻하기 위해 '경속勁速'이나 '경질勁疾'이라는 표현을 쓴다. '신속迅速'이라는 표현도 쓰지만, 이렇게 표현하는 것은 빠르다고 해서 (군센) 힘이 빠지면 안 됨을 가리킨다.

　종자기가 죽자 백아는 다시는 금을 타지 않았다. 들어줄 사람이 없기 때문이다. 글씨도 잘 썼지만 거문고도 잘 타던 채옹은 아궁이에서 나는 이상한 소리에 오동나무 소리를 찾아내고, 말의 얼굴만 보아도 명마를 찾아내는 손양은 마구간에 엎드린 명마를 찾아낸다. 그들의 감식안은 틀린 적이 없다. 마찬가지로 손과정은 글씨와 그것에 대한 평가에 수준이 있음을 전제한다. 글씨는 그냥 나오지 않는다. 그 사람의 인격과 미적 경지에 따라 나뉜다.

　누군가 그런 경지에 다다랐는지는 알기 어렵다. 그러나 손과정은 『노자』와 『장자』를 인용해서 자신의 주장을 옹호한다. 장자는 말한다. "아침 버섯이 그믐과 초하루를 알 수 없고 여름 벌레가 사철을 알 수 없다." 노자는 말한다. "낮은 선비가 도를 듣고 비웃을 정도가 아니면 도가 아니다."

　동아시아 붓의 문화권에서 '글씨는 그 사람과 같다'고 결론을 내린다. 나이가 들어 인격이 원만해지듯, 글씨도 시간을 보내야 원융미를

---

17. 『서보』.

갖는다.

이렇게 우리가 말하고 있는 것이 글씨만이 아니라 인격이고, 인격만이 아니라 문화라는 점을 분명히 알아야 한다. 사람의 글씨를 보고 그 사람을 평가하듯, 글씨의 변화를 말하고 조대朝代에 따른 특징을 밝힘은 한 시대의 성격을 드러내는 것과 같은 것이다.

어떤 문화도 지나치면 되돌아오고 오래되면 싫증나기 마련이다. 고이면 썩는다. 따라서 늘 되돌아가야 한다. 되돌아감은 새것을 좇는 것이다. 일종의 리바이벌이고 리뉴얼로, 요즘말로 하면 레트로retro이자 뉴레트로new retro와 다르지 않다. 레트로는 신식이지 구식이 아니다. 그것은 구식을 가장한 신식이다.

한나라 글씨의 위대함

캉유웨이에게 한나라는 레트로의 표본이었다. 우리가 중국학을 한학漢學이라고 부르듯 캉유웨이는 글씨의 모든 것은 한나라에 있다고 '본한本漢'이라는 표현을 쓴다. 뿌리는 한나라이니 한나라에 뿌리를 둬야 한다는 뜻이다. 한나라를 모본模本으로 삼고, 한나라를 근본根本으로 하지 않는 서예의 길은 없다는 것이다.

현재 우리가 쓰고 있는 해서는 한나라와 위나라 사이에 이루어졌다. 글씨의 완전한 형태는 동진의 왕희지, 왕헌지 부자에 의해 자리 잡고 이후의 글씨는 그들을 법식으로 삼아 거기서 조금도 벗어나지 않는다. 그런데 왕희지조차 유년 시절에는 위씨부인에게 글씨를 배우지만 나중에는 한나라와 위나라의 비를 모범으로 삼아 멋들어진 글씨를 쓸 수 있었다.

당나라 이후부터는 이왕王羲之, 헌지 부자을 존경함이 지극했지만, (…) 이 왕이 바탕으로 취한 것은 모두 한나라와 위나라 사이의 훌륭하면서 기 이하고 웅위하고 미려한 글씨였다. 그래서 바탕을 예스러우면서 소박하 고 의태는 기이하게 변했다. 후세 사람들은 이왕을 법으로 취했지만 겨 우 원체만을 이루었다.[18]

여기서 말하는 원체院體가 무엇인가? 한림원에서 써서 원체다. 원체 는 공식문서체였다. 따라서 과거시험을 볼 때 이런 글씨를 잘 써야 당 락에 영향을 미친다고 생각했다. 이후 관각체館閣體라 불리는데 요즘 식으로 말하면 관방체官方體나 공문서체로 불릴 수 있다.

왕희지 풍이 관변체에 머물렀다는 말인데, 캉유웨이의 주장은 이렇 다. 지혜가 스승을 넘어가야 비로소 전수할 수 있는데, 한나라를 모르 고서 왕희지 풍만을 계승하여 전승할 수 있겠냐. 한나라 예서는 전서 에 가까워 팔분이라고 부르니, 한나라 글씨는 예서에만 머물지 않고 전서도 포괄하므로 참으로 모범이 된다. 나아가 한나라 예서는 오늘 닐 볼 수 있는 헤서이 ㅇ 뮤할을 다 갖추고 있다.

한나라 사람들은 글씨를 매우 중시했다. 캉유웨이가 예로 드는 인물 은 서예사에서 유명한 한나라 때 사람들이다. 영제가 글씨를 애호하여 홍도관鴻都觀을 열자 글씨를 쓴다는 사람들이 몰려왔는데, 그 가운데 채옹이 으뜸이었다. 장지, 사의관, 종요, 양곡, 호소, 한단순, 위기, 위 탄, 황상과 같은 명필이 당시의 인물들이다. 장지는 초성草聖으로 불릴 만큼 초서를 잘 썼고예초(隸草)를 기억하자, 한단순, 위기, 위탄은 고문대전 에 뛰어났다. 당계전은 채옹과 함께 그 유명한 〈희평석경〉을 썼고, 조

18. 『광예주쌍집』, 제7장 「한나라 글씨가 근본이다」, 202.

희평석경 조각 **(중국국립박물관)**

역, 유탕, 장문, 소릉은 『공양전』을, 좌립과 손표는 『논어』를 썼다.

채옹의 〈희평석경〉은 후한 희평 4년부터 광화 6년(175~183) 동안 세운 표준글씨 비이다. 경전에 글씨가 다르게 쓰이자 표준을 정해 총 46개 돌에 새겨 낙양 태학의 문 앞에 세웠다. 후한 말 동탁의 난 때 파괴되었는데 청나라 때 부서진 돌이 90여 개 출토되어, 이 글의 중심인물이기도 한 완원이 소장하기도 했다. 요즘 식으로 말하면 '한글맞춤법표기법'처럼 '한자쓰기표준법'을 담은 비문이다.

캉유웨이는 한나라 글씨를 "하나의 용광로에 녹아 만들어진 글씨融爲一爐而鑄之"라고 극찬한다. 많은 글씨가 있었지만 한나라에 와서 그 모든 글씨가 하나의 용광로에서 녹아버려 한나라의 글씨로 주물처럼 만들어져 나왔다는 것이다.

사람들이 모르는 것은 왕희지가 본받은 바다. 왕희지의 글씨만 쓰고 왕희지가 본받은 바를 따르지 않으니 글씨가 원체가 되고 만다. 왕희지가 스승으로 삼은 바가 바로 한나라 글씨다.

왕희지의 난정서

우리는 흔히 천하의 명필이라고 하면 왕희지를 꼽는다. 그의 〈난정서〉는 불세출의 명작으로 꼽힌다. 그러나 왕희지조차 한나라 글씨를 모범으로 삼았다. 그는 한나라의 팔분이나 장초[19]를 이끌고 와서 예서로 들어가야지, 일상의 속자로 곧바로 들어가면 안 된다고 말한다.

왕희지는 말했다. "나는 어린 시절 위씨부인의 글씨를 배웠는데 사람들이 장차 크게 될 것이라고 말했다. 게다가 강을 건너서 북으로 유명한 산을 두루 돌아다니면서 이사와 조희의 글씨를 보고, 또 허하에 가서 종요와 양곡의 글씨도 보았다. 또 낙하로 가서 채옹의 〈희평석경〉과 한단순의 〈삼체석경〉'정시석경'이라고도 한다을 보고, 종형집안 형, 왕흡이 있는 곳에 가서 장창[20]의 〈서악화산묘비〉도 보았다. 마침내 근본으로 삼은 것을 고쳐 여러 비에서 배우고 익혔다." 왕희지는 이렇게 넓게 체험하고

19. 장초(章草)는 초창기의 초서 형태로, 글자는 이어지지 않지만 획은 이어진다. 장제(章帝)가 좋아해서 장초라고 하기도 하지만, 규범적인 초서이기 때문에 문장제도(文章制度)의 장(章) 자를 쓴 것으로 보인다. 장제는 두도에게 이 글씨를 쓰라고 했다고 한다. 금초(今草)라고 하여 현금의 글자끼리 이어지고 획을 과감히 생략하는 초서와 비교된다. 자유롭게 쓰는 광초(狂草)와 많이 다르다. 장초가 쓰인 지 100년 정도 지나 장지(張芝)가 장초를 원숙한 모습으로 이루었다고 해서, 장초는 두도와 장지의 글씨로 알려진다. 줄여 말해, 장초는 한나라 초서로 금초나 광초처럼 글자끼리 이어지지 않고 끊어지는데, 삐침은 예서보다는 행초에 가깝지만 붓을 거둘 때는 예서처럼 위로 올린다.
20. 왕희지는 장창(張昶)의 〈서악화산묘비〉라고 말했지만 묘비의 끝에 곽향찰(郭香察)이 썼다고 되어있다. 캉유웨이도 〈서악화산묘비〉를 일컬을 때 왕희지를 따라 장창이라고도 하고, 바로 잡아 곽향찰이라고도 한다. 장창은 장지의 동생으로 형제가 모두 글씨를 잘 썼지만 형에 미치지 못해 아성(亞聖), 으뜸이 아닌 버금 서성(書聖)으로 불린다.

오래된 것을 모범으로 삼았다.[21]

왕희지조차 본데가 있었고 본데는 바로 한비였다. 그런데 후세 사람들이 왕희지의 본데를 본데로 삼지 않고 왕희지만을 본데로 삼으니 글씨가 정형적이 되고 고식적이 된다. 〈난정서〉만 하더라도 글씨마다 변화가 무쌍하여 점, 획도 다 다른데 후대에 〈난정서〉를 배우는 사람은 천편일률적으로 글씨를 쓸 수밖에 없는 것은 바로 왕희지 글씨의 연원을 모르기 때문이다. 스승을 배우지 말고 스승의 스승을 배워라. 이래야 스승을 제대로 잇거나 넘어설 수 있다. 이것이 캉유웨이의 요지다.

캉유웨이는 스승을 넘어선 인물로 양응식楊凝式을 꼽는다. 〈난정서〉의 외형만을 배우고 그것의 정신을 배우지 않음을 한탄하면서, 양응식을 예로 든 사람은 황정견黃庭堅이었다. 양응식은 오히려 왕희지의 외형을 변화시키면서도 그의 정신을 스스로 얻었는데, 그것은 한나라의 팔분으로 초서를 쓰기 때문이었다. 양응식은 '한나라 글씨가 근본本漢'이라는 것을 알지는 못했지만 우연히 일치했다.

한나라 이후 남북조 비에는 한나라 팔분의 필의가 없는 것이 없다. 당나라에 이르러서도 저수량의 〈이궐석감명〉이나 구양통의 〈도인법사비〉에는 팔분과 예서의 필의가 있어, 당나라의 글씨는 대체로 비속하지만 그 두 비는 고상하다. 하다못해 당나라 때 안진경顔眞卿의 살찌고 힘 있는 글씨도 한분의 필법을 배운 것이다. 이를테면 그의 〈배장군시〉는 한분의 필법을 초서에 사용한 것이다.

캉유웨이에 따르면, 왕희지를 제대로 배운 사람은 양응식(873~945)

---

21. 『광예주쌍집』, 제7장 「한나라 글씨가 근본이다」, 208.

〈난정서〉 서문 (베이징고궁박물관)
왕희지의 원본에 가장 가까운 사본으로 알려져 있다.

과 안진경(709~785)밖에 없다. 그리고 그 둘은 모두 왕희지가 모범으로 삼은 팔분과 예서를 스승으로 삼았기 때문에 좋은 글씨를 쓸 수 있었다.

캉유웨이는 당시 사람들이 매일같이 과거를 위해 원체만 연습해서 정신조차 그런 형식에 물들어 버렸다고 한탄한다. 송명 이후에 태어난 사람들은 소식蘇軾, 소동파(1037~1101)과 동기창董其昌(1555~1636)의 필법을 없애려 해도 없애기 힘들다. 대신 당나라 사람의 글씨에는 송나라의 필법이 없다. 대세가 소식과 동기창이 된 이후 필법은 비루하고 가벼워졌다.

자신과 같은 광동이나 복건 사람이 북경에서 수십 년 동안 관직생활을 해도 북경 말을 따라할 수 없듯이, 과거시험에 매달리면서 진·한·육조의 아름다운 문장을 쓸 수는 없듯이, 글씨도 시류에 휩쓸리면 안 된다는 것이 캉유웨이의 주장이다. 스승의 스승으로 돌아가야 한다.

— 캉유웨이: 서예와 미학적 전환

비에 대한 깨달음

캉유웨이는 열한 살 때 할아버지로부터 왕희지의 〈악의론樂毅論〉을 배우기 시작하여 구양순과 조맹부의 글씨를 훈련받는데, 이후 사람들이 왕희지나 구양순이나 조맹부의 첩보다 비에 새겨진 글씨가 훌륭하다고 할 때 그 말을 믿지 않았다.

그때 장청화張淸華는 첩은 모두 번각본이라 비를 공부하는 것만 못하다고 하였다. 나는 강기의 북쪽 사람들의 털과 가죽이 시원찮다는 말을 빌려 이를 비난했는데, 이렇게 옛날 이론에 빠져 있었던 것이다.[22]

이 말은 이런 뜻이다. 종이에 써서 내려오는 첩帖들은 종이의 수명 때문에도 그렇고 계속 베껴 쓰는 바람에 원래의 모습을 잃어버려 그것을 모범으로 삼을 수 없다. 그러나 비碑에 새겨진 글씨는 돌에 새기기 위해 종이로부터 단 한 번 옮겨졌을 뿐 아니라 돌에서 직접 탁본을 뜨기 때문에 본래의 맛이 살아 있다.

번각翻刻이라 함은 종이에서 종이로 옮기는 것이고 양산될 수 있다. 원본 위에 종이를 놓고 똑같이 쓰는 방법이 있긴 하지만, 대체로 한 번 번각한 것을 또다시 번각하고 수차에 걸쳐 이런 과정을 반복한 것이므로 원의가 남아 있기 힘들다. 종이의 수명을 300년으로 보았을 때 353년에 쓰인 왕희지의 〈난정서〉는 적어도 다섯 차례는 번각이 된 것이다. 물론 왕희지의 글씨도 돌에 새겨진 것도 있지만, 〈대당삼장성교서비大唐三藏聖教序碑〉와 같은 것은 당 고종의 명으로 회인이 672년에

---

22. 『광예주쌍집』, 제23장 「나는 이렇게 글씨를 배웠다」, 392.

새긴 것으로 여러 곳의 글자를 모은 집자集字 비다. 집자비를 왕희지의 필의가 고스란히 담겨 있다고 볼 사람은 없다. 많은 첩이 남아 있지만 옮기고 또 옮긴 것일 가능성이 많다.

종이에 쓴 글을 돌로 옮기는 것도 옮긴다는 점에서 번각이긴 하다. 그러나 물에 적신 종이를 비에 붙이고 원본을 두드려서 한 번 모각된 글씨를 드러내는 탁본拓本이기 때문에 첩보다는 원본에 가깝다. 탁본은 음각된 글씨에 먹이 묻지 않게 찍어내지만 글씨의 원형을 고스란히 드러낼 수 있다. 영어식 표현으로 말한다면, 탁본은 네가티브 필름이지만 원본성originality이 보장되어 진정성authenticity이 확실하다. 게다가 탁본은 언제나 다시 할 수 있기 때문에 단 두 번의 번각만을 거친다. 최근 들어 지나치게 많이 탁본을 하다 보면 비문이 훼손될 수 있어 일반인들에게 금지시키는 경우가 많지만, 과거에 비문은 대체로 노지에 있었기 때문에 탁본이 양산될 수 있었다. 돌에 새기는 것 자체가 보존성을 높이기 위함이었다.

이렇게 말하면 좋겠다. 돌로 된 비는 한 번만의 모각으로 원의가 남아 있는데 종이로 된 첩은 여러 차례의 번각으로 신빙성이 떨어진다. 이제 '돌에서 한 번 뜬 글씨를 쓸 것인가, 종이에서 종이로 여러 번 옮긴 글씨를 쓸 것인가?'라는 선택만 남는다.

캉유웨이는 주구강朱九江 선생에게 배운다. 주구강은 당대의 큰 유학자이기도 했지만 틈날 때마다 글씨를 썼다. 특히 주구강에게는 반탁이 임관하면서 증정한 서적과 비 탁본 7,000 두루마리가 있었다.[23] 캉

---

23. 캉유웨이는 이 일을 채옹이 왕찬에게 서적을 모두 넘긴 훌륭한 덕에 비견한다. 채옹은 염과 문희라는 두 딸을 두었다. 왕찬은 오늘날 우리가 보는 『노자』에 주를 단 왕필의 할아버지다. 왕찬은 왕필의 아버지 왕업을 양자로 삼는다. 이런 까닭으로 왕필의 집에는 채옹의 고서가 가득했다. 왕필의 가학(家學)은 『주역』이었다.

유웨이는 그 가운데 하나인 북송 탁본인 〈구성궁예천명〉을 임서하기도 했다. 이후 진풍이란 사람이 〈구성궁예천명〉은 어려우니 구양순의 아들 구양통의 〈도인법사비〉를 좇으라는 말을 듣고 연습하니 글씨가 빽빽해질 수 있었다. 이렇게 캉유웨이도 당나라 초기의 글씨를 모범으로 삼은 적이 있었다. 당나라 비인 배휴의 〈규봉비〉, 구양순의 〈우공공비〉, 유공권의 〈현비탑비〉, 안진경의 〈안씨가묘비〉가 그것이다.

캉유웨이는 여기서도 재미있는 태도를 보인다. 당나라 비를 써서 결구[24]를 조금 이해했다고 하면서 당나라의 글씨를 인정하는 것 같지만 모두 비를 내세움으로써 비의 중요성을 다시금 강조한다. 그러면서 '작은 길小道'이라도 법을 얻지 못하면 들어갈 수 없다고 말한다.

행서와 초서는 손과정의 『서보』와 〈순화각첩〉을 임서했는데, 여러 법첩을 흐르듯 둘러보다 소식과 미불의 구덩이에 그만 빠져버렸다고 캉유웨이는 말한다. 스승 주구강은 그에게 등석여의 전서를 권했지만 광동에서는 구할 수 없었는데 1882년에 북경에 가서 크게 사들였고, 아울러 수백 본의 한·위·육조·당·송의 비판碑版을 사서 완상하면서 탐색해 보니, 번각된 첩학이 그릇됨을 마침내 알 수 있었다. 캉유웨이의 주장은 한마디로 첩을 쓰다 보니 구덩이에 빠진 것처럼 헤맸지만 비를 써서 속기俗氣에서 멀어질 수 있었다는 것이다.

캉유웨이는 당의 글씨를 쓰더라도 당나라의 비를 써야지 첩을 써서는 안됨을 분명히 한다. 그에게 당의 글씨는 가장 하질로 보였다.

---

24. 서예에서 결구(結構)는 한 글씨의 짜임새를 가리킨다. 필획(筆劃)은 한 글자에서 분리될 수 있는 각 부분들을 가리키고, 결구는 필획이 모여 이루어진 한 글자의 모양새를 말하고, 장법(章法)은 글자의 전체적인 배치를 뜻한다. 결구는 우리말의 '구조'와 같은 말이다.

시대의 명필 장유소

　북경에서 캉유웨이는 유리창에 들락날락하면서 비첩을 보았고 비판을 모은다. 진·한 이래 남북조의 비를 있는 대로 다 보려 했고 당·송의 것은 넘치도록 보았다. 뒤에 나오겠지만, 이때 캉유웨이는 〈진흥왕순수비〉도 입수한다. 참고로 이 비에 대한 품평은 매우 좋다.

　그러면서 예서와 해서가 변화한 이유, 서파가 나뉘고 모이는 까닭, 세대가 흐르면서 어떻게 달라졌는지 알 수 있었다. 궁리하길 좋아하고 무용한 것은 싫어하는 성격이라 글씨도 큰 뜻만 알면 된다고 생각했는데 뜻하지 않게 안목이 생긴 것이다.

　이 책을 쓰게 된 동기를 준 선쩡즈와 관련된 이야기가 여기에서 구체적으로 나온다.

　　호주의 형부주사 선쩡즈는 당시 유명한 사람인데, 내 글씨의 전절에는 둥근 것이 많고 육조의 전절 필획에는 둥근 것이 없다고 했다. 나는 그 밑에 북위의 〈정문공비〉로 증거를 댔다. 그러나 이 말로 인해 육조비를 보니 방필에 끊어 쓰지 않는 필법이 없고, 획은 평탄하면서도 파책삐침이 있는 것을 북제의 〈주대림묘지명〉으로부터 깨달았다.[25]

　증국번의 제자 장유소張裕釗[26]의 글씨를 캉유웨이는 아주 높게 평가하고 있다. 그는 질그릇이나 도기에 쓰인 글씨를 비롯하여 여러 시대의 글씨를 배우고 익혀, 천년 이래 그와 비교할 인물이 없다. 그의 글

25.『광예주쌍집』, 제23장「나는 이렇게 글씨를 배웠다」, 393.
26. 1823~1894. 사람 이름에 쓰일 때 소가 쇠로 읽히기 때문에 장유쇠로 불리지만 그것은 '돌쇠(乭釗)'와 같은 우리말 발음에서 사용되는 것이다.

씨는 대진의 경학, 호천유의 변려문, 공자진의 고문 등에 해당될 정도로 특별하게 자기를 세운 사례다.

증국번曾國藩(1811~1872)이 누구인가? 태평천국의 난을 진압한 사람 아닌가. 또 이홍장과 함께 유학을 중심으로 근대화를 꾀하는 양무운동의 중심인물 아닌가. 양무운동은 중국 근대화의 표어인 '중국의 사상을 중심으로 서양의 과학을 받아들이자'는 중체서용中體西用으로 유명하다. 장유소가 그의 제자이니 그 또한 전통을 바탕으로 새로운 것을 이루는 데 탁월했을 것이다.

대진戴震(1724~1777)이 누구인가? 『맹자자의소증孟子字義疏證』으로 이름을 세운 사람이다. 청대 고증학의 대표적인 인물로, 맹자의 이理는 이기理氣론의 이와 무관한데도 이기론으로 포장하는 것을 강력하게 비판한다. 장유소는 대진과 직접적인 관계가 없는데도 캉유웨이는 장유소가 대진의 경학만큼 서예라는 분야에서 일파를 이루었음을 말한다.

청나라 때 4·6 변려문을 잘 짓던 호천유, 고문을 잘 짓던 공자진과 같이 특출한 인물과 장유소를 비교하는 것은 오늘날의 관점에서 보더라도 특별한 일이다. 장유소는 지방의 과거시험에만 합격하고 평생 서원에서 강학하면서 인생을 마친다. 그러나 글씨에서는 최고의 경지에 오른다.

어렵지만 장유소의 글씨를 묘사한 캉유웨이의 말을 들어보자. 설명을 붙이면 쉬우니 아래의 설명만 보아도 좋다.

내가 장유소의 글씨를 구하여 먹의 떨어트림과 운필을 살폈더니 획에는 반드시 꺾임이 있고 먹의 바깥쪽은 반드시 연결되었다. 굴릴 때는 반드시 들어서 눌렀으며 방필로 둥글게 썼다. 기필에서는 반드시 감싸면서 원필로 모나게 썼다.[27]

27. 『광예주쌍집』, 제23장 「나는 이렇게 글씨를 배웠다」, 394.

'먹의 떨어트림'은 먹의 양을 조절하여 종이 위에 붓을 놓는 것으로 낙묵落墨이라고 부른다. 낙필하여 글씨를 쓰는 것을 운필運筆이라고 한다. 운필하면서 먹의 양을 조절한다. 획은 그냥 먹물 덩어리가 아니라 안쪽과 바깥쪽이 제 모습을 갖춰야 하는데, 산맥처럼 가운데를 잘 유지하면서도 해안처럼 가장자리가 잘 연결되어야 한다. 뫼는 가운데에서 높고 바닷가는 지도처럼 이어져야 한다. 그래서 획의 가운데는 봉우리가 있는 것처럼 쓰므로 중봉中峰이라고 부른다. 산맥을 이을 때도 필획이 말랑말랑하게 이어지는 것이 아니라 뫼들이 자기의 위용을 자랑하며 독립한 채로 자리를 잡듯 반드시 꺾임이 있어야 한다중필필절(中筆必折). 그럼에도 바깥쪽 먹은 이어져야 한다외묵필연(外墨必連).

뿐만 아니다. 붓을 돌릴 때는 쓰던 대로 그냥 가는 것이 아니라 붓을 살짝 들면서도 묵직하게 눌러야 한다전필제돈(轉筆提頓). 회전할 때 운필하는 기법이다. 이것은 모난 곳을 둥그렇게 만드는 것이다. 꺾이는 곳이니 어쩔 수 없이 모가 날 것 같지만 눌러씀으로써 둥그렇게 쓴다. 이것이 바로 '네모로 동그라미를 만든다이방위원(以方爲圓)'는 말이다. 기필할 때는 붓이 먹을 잘 머금고 있도록 해야 한다낙필함축(落筆含蓄). 충분히 먹을 덜어냈더라도 어쩔 수 없이 먹의 양이 많아 둥그렇게 쓰기 쉽지만 붓으로 이를 감싸 모나게 쓴다. 이것이 바로 '동그라미로 네모를 만든다이원위방(以圓爲方)'는 말이다. 따라서 날카로운 붓놀림은 실제로는 머물러야 하고고예필이실류(故銳筆而實留), 따라서 퍼지는 먹은 실제로는 깔끔해야 한다고창묵이실결(故漲墨而實潔).

강유웨이가 장유소를 칭찬하면서 말한 여섯 가지가 바로 명필의 기준이다. 요약하면 이렇다.

① 중필필절中筆必折: 솟은 중봉은 반드시 꺾임이 있어야 한다.
② 외묵필연外墨必連: 바깥 먹은 반드시 이어져야 한다.

－강유웨이: 서예와 미학적 전환

③ 전필제돈轉筆提頓, 이방위원以方爲圓: 회전할 때는 붓을 올리면서도 눌러야 한다. 그래야 모난 것이 둥그렇게 된다.

④ 낙필함축落筆舍蓄, 이원위방以圓爲方: 기필할 때는 붓이 잘 머금도록 해야 한다. 그래야 둥그런 것이 모나게 된다.

⑤ 예필이실류銳筆而實留: 붓놀림이 날카로울 때는 붓이 많이 머물도록 해야 한다.

⑥ 창묵이실결漲墨而實潔: 먹이 퍼질 때는 붓놀림을 깔끔히 해야 한다.

중봉이 가장 도톰한 등석여의 해서 필법도 장유소가 얻었다니 캉유웨이의 그에 대한 평가는 정말 높다. 캉유웨이의 스승인 주구강이 등석여의 전서를 써보라고 했던 것을 기억하자. 등석여에 이은 명필이 장유소라고 캉유웨이는 여긴다.

이후에 강조될 완원은 『남북서파론』에서 절세의 천재, 서법의 영수가 나올 것이라고 했는데 당송의 체제를 갖추면서도 이를 녹여내어 '집대성'한 장유소가 바로 그였다. 등석여가 고체에만 매달린 것과 견주어진다.

『예주쌍집』의 포세신조차

캉유웨이는 '품격이 높으면서도 예스러운 것'을 최고로 친다. 홀로 고고孤高함이 아니다. 고상高尙하면서도 상고尙古적인 고고高古함을 흠모한다. 아니, 옛것 가운데에서야 고매함이 빛난다. 고상한 옛것에 대한 흠모가 깊다. 등석여鄧石如는 남북조비를 가장 많이 임서臨書했다. 그래서 그의 호흡과 규모가 자연스럽고 높은 예스러움을 지닌다.

캉유웨이의 이런 품평은 자신이 이으려는 『예주쌍집』을 쓴 포세신에 이르러 극단적으로 흐른다. 그의 단정은 좋게 말하면 객관적인 것이고 나쁘게 말하면 독단적인 것이지만, 중요한 것은 등석여조차 모범으로 삼은 남북조비의 기운이 어떤 서가書家의 글씨에 있느냐는 것이었다.

> 서예는 호흡이 가장 어려운데 포세신은 점획에서 겨우 구했다. 그것으로 필획에 고법이 가득하다고 여겼으나 그 깊이를 알지 못했다.[28]

캉유웨이는 고백한다. 필법은 주구강에게 배웠는데 그것은 여간과 사란생의 전통이었다. 더불어 임서법은 포세신에게, 용필법은 장유소에게 배웠으며, 용묵법은 남북조비문에서 알게 되었다. 그런데 포세신의 임서법은 등석여에게 물은 것이다.

전서에 정통하려면 붓을 세우고, 예서에 정통하려면 획을 잘 써야 하고, 행초서에 정통하려면 점을 잘 찍어야 하는데, 한나라 예서와 위진(남북조)의 비문을 써야 한다는 것이 캉유웨이의 지론이다.

포세신은 북조비의 준요성을 인지하면서도 캉유웨이가 가장 폄하하는 당나라의 글씨를 임서한다. 포세신은 『예주쌍집』에서 말한다. "학문하는 자가 글씨를 배울 뜻이 있으면 당연히 당나라 사람의 글자로 잘된 것 가운데 붓끝이 드나든 흔적이 있는 것을 수십 자, 많게는 수백 자까지 골라 연습하면 좋다. 기름종이를 사용하여 마음을 다해 하나의 범본을 모사해내고, 다음에 모사한 기름종이 위에 화선지를 덮어 쓰며," 그런 뒤에야 북비를 구하여 앞의 방법과 같이 연습하란다. 캉유웨이에게 이런 점이 들킨 것이다. 뿐만 아니라 포세신은 집필법

---

28. 『광예주쌍집』, 제23장 「나는 이렇게 글씨를 배웠다」, 395.

조차 당나라 때부터 유행한 손가락을 쓰는 운지運脂를 받아들여 간독과 같은 고우면서 작은 편지 글씨에 머물렀다고 혹평한다.[29] 한마디로 포세신의 글씨는 나약함에 빠져 있다는 것이다.

시원찮은 당나라

캉유웨이는 기본적으로 포세신을 높이 산다. 그러하니 자신의 책 제목조차 『예주쌍집』 속편, 버전 2가 아니던가. 넓혔다는 뜻에서 광廣 자를 넣었지만 그것은 전반적인 자료 확대를 기반으로 자기주장의 정당성을 표현하는 것일 뿐이지 『예주쌍집』을 비판하겠다는 것이 아니다. 전통적으로 비판은 '난難' 자를 앞에 넣었다. 그럼에도 내용상 이런 부분이 있다는 것은 놀랍다. 글씨본을 보면서 글씨를 익히는 임서법을 포세신에게 배웠다면서 캉유웨이는 왜 그를 비판할까?

그것은 바로 당나라 비에 대한 기본적인 불신 때문이다. 포세신은 북위비의 훌륭함을 알면서도 임서의 순서를 당비부터 하고 나중에 북위비를 쓰라고 하니 캉유웨이의 마음에 들 리 없었다. 임서란 좋은 글씨를 그대로 옮기는 것이다. 동양에서는 글씨뿐만 아니라 그림도 임모臨摹를 훈련의 방법으로 삼았다. 그림에서 '전이모사轉移模寫'는 명화를 그대로 옮기듯 베끼는 것을 말한다. 그러면 화가의 구도, 필법, 나아가 의도까지 알아차릴 수 있어 배우는 것이 많기 때문이다. 초상화로 유명한 사혁謝赫의 6법이 유명한데 그 가운데 처음이 바로 전이모사다. 그것의 서예적 언어가 임서다. 임서臨書의 임은 '본뜬다'는 뜻이다.

---

29. 『광예주쌍집』, 제20장 「붓은 어떻게 잡아야 하는가」, 360.

좋은 글씨를 임모하여 쓰는 것이 바로 서예 입문의 길이다. 모방에 대해 동양의 예술은 전통에 대한 기본적인 습득으로 여기기 때문에 당연히 거쳐야 할 과정으로 여긴다.

포세신은 당비를 임모하라고 한다. 때문에 작은 글씨를 위주로 쓰게 된다. 예쁘고 단정할지는 몰라도 손가락을 쓰기 때문에 나약하기 그지없다. 편지글이나 답안지나 쓸 글씨지 현판에 올릴 만한 글씨는 나오지 않는다. 반투명 종이인 기름종이를 위에 놓고 똑같이 베끼고, 기름종이 위에 다시 화선지를 놓고 다시 베끼면 뭐하나, 본이 제대로 안 된 것을! 이것이 캉유웨이의 입장이었던 것이다.

당나라에 들어서면서 서예의 부흥이 이루어지고 서예학을 장려하지만 오히려 전대의 호방함은 사라지며 짜임을 강조하다 보니 단정하고 예쁜 글씨가 나온다. 캉유웨이는 이를 강력하게 비판한다. 『장자』에 나오는 비유를 들어 '학의 다리를 잘라 오리의 다리에 이은 꼴절학속부(絶鶴續鳧)'이란다.

> 오직 결구만 강조하여 거의 사자지 같았다. 학의 다리를 잘라 물오리의 다리에 이었으니 정연함과 가지런함이 지나치게 심했다. 구양순, 우세남, 저수량, 설직의 필법이 다 망하지는 않았으나 순박함을 잃어 예스러운 분위기는 이미 사라졌다. 그리고 안진경, 유공권이 교대로 나오면서 자취를 찾아볼 수 없을 정도로 완전히 망가졌다.[30]

오리의 다리가 짧다고 학의 긴 다리를 잘라 붙이면 꼴이 우습다. 긴 다리는 긴 다리대로 그 노릇이 있고, 짧은 다리는 짧은 다리대로 그

---

30. 『광예주쌍집』, 제12장 「당나라 비는 비루하다」, 268.

― 캉유웨이: 서예와 미학적 전환

노릇이 있다. 이어붙이고자 하는 것은 사람의 마음이지만 참으로 어리석은 생각이다. 당나라의 글씨는 한 글씨의 짜임에 매달리는 바람에 글씨가 나름대로 지녀야 하는 순박함이 흩어지고 옛맛이 엷어졌다. 자유로움은 없고 형식에만 매달려 당나라의 대표적인 명필인 안진경 글씨에 이르러서는 한을 포함한 남북조 시대 이전의 맛이 사라져버렸다. 어떤 땐 길게 쓰고 어떤 땐 짧게 쓰는 분방함이 사라지고 틀에 짜인 글자 하나하나를 쓰는 데 머물렀다.

북송을 대표하는 명필이자 화가인 미불米芾(1051~1107)은 안진경을 혹평하며 '추하고 괴상하여 못난 편지글추괴학찰(醜怪惡札)'이라고 한 것은 지나치지만, 이빨과 손톱을 드러내어 옛사람들이 줄곧 이어오던 두리뭉실하고 도타운혼후(渾厚) 뜻으로 되돌아갈 수 없게 된 것은 사실이라고 캉유웨이는 주장한다.

미불은 왕희지의 서풍을 이었으니 안진경의 글씨와는 대척점에 서게 된 것으로 이해할 수 있다. 그런데 캉유웨이는 안진경을 왕희지를 제대로 이은 두 사람 가운데 하나이고나머지는 양응식 한나라 팔분을 모범으로 삼아 살찌고 도톰한 필법이 살아 있어 배울 만하다면서도 그 또한 당나라라는 시대의 한계 때문에 옛 뜻이 사라졌다고 힐난한다. 여기서 옛 뜻고의(古意)이란 한대와 남북조시대 이전의 서예정신을 가리킴은 두말할 나위도 없다. 이렇게 캉유웨이는 미불을 끌어들여 그의 평가가 심하다고 하면서도 나름 동조하는 것이다.

당나라 사람들은 결구를 말하는 데는 송명시대보다 똑똑했지만 거기에 매달려 글씨를 잡친다. 그래서 경계를 분명히 해야 하며, 특히 초학자들은 당나라 사람을 좇으면 안 된다.

옛것을 스승으로 삼고 위나라, 진나라로 잇고자 했지만 비루하고 천박함이 심했다. 만약 당나라 사람을 따라 입문하면 평생토록 천박해지고,

옛사람을 엿볼 수 있는 날이 다시는 없게 될 것이다.[31]

당나라를 모범으로 삼아서는 성공할 수 없다. 캉유웨이는 극단적으로 당나라 비는 평생토록 한 점도 보지 않아도 된다고 말한다. 당나라 비 가운데에서 육조의 법도를 지닌 것은 포문해와 범적밖에 없는데도 당나라 사람이 그들을 거론하지 않은 것으로 보아도 당의 수준은 낮은 것이 분명하다고 한다.

거꾸로 캉유웨이가 명필로 삼은 청나라의 등석여, 포세신, 장유소는 남북조비를 본받았기 때문에 명서가의 뜻을 이룰 수 있었다. 따라서 비루한 당나라의 글씨는 버려도 된다.

당비의 또 다른 문제점

형식적이지만 가장 물리적이고 역사적인 사실 때문에 당비를 쓰지 않아야 될 까닭도 있다. 구양순과 우세남虞世南은 당나라 사람이라기보다 육조 사람이다. 그들이 당조에 들어갔을 때는 고령이었다. 나아가 그들의 판본은 원본과는 거리가 먼 것이었다.

세상에 성행한 구양순, 우세남, 안진경, 유공권 등의 비는 마멸과 번각으로 이미 파손되었으니, 명분상으로 당비를 존중했다고 하지만 실제로는 번각하여 변한 대추나무를 존중한 것뿐이다. 구탁본을 얻으려면 한 문제가 노대露臺, 영대(靈臺)로 대표적인 중심 건축를 만드는 데 요구된 것보다

---

31. 『광예주쌍집』, 제12장 「당나라 비는 비루하다」, 270.

몇 배의 금이 필요하다. (⋯) 하물며 송 탁본도 이미 한 고조의 검이나 공자의 신발과 같이 세상에 드문데 송나라 이전은 어떻겠는가! 따라서 구양순의 묵적도 옛사람이 얻은 것과 같지 않다.[32]

당나라의 묵적이라는 것이 다 엉터리라는 이야기다. 설령 당나라 사람이 글씨를 잘 썼다 하더라도 이미 제대로 남아있는 것이 없는데 왜 당대의 글씨를 쓰냐는 것이다.

캉유웨이는 이런 관점을 일관되게 노출한다. 자신이 옳은 것은 심미적 관점에서만이 아니라 고증의 관점에서도 그러하다는 것이다. 구양순, 우세남은 오히려 육조 사람이다. 송나라의 묵적조차 드물기 짝이 없는데 당나라의 것이 진적眞籍일 수는 없다. 그런데도 왜 당나라 사람의 그늘에서 벗어나지 못하느냐.

캉유웨이는 자신의 주장이 공연히 앞사람의 말을 뒤집기 좋아하는 이상론으로 보일까 이렇게 현실적인 이야기를 풀어놓는다. 당비와는 반대로 육조의 탁본은 일단 완전하고 흠이 없다. 날마다 출토가 되니 초탁본이라고 할 만하다. 이런 것으로 글씨에 들어서면 구양순, 우세남과 함께 서예의 길을 다툴 수 있다는 것이다.

글씨의 보수와 진보

캉유웨이는 사회개혁을 꿈꿨다. 보수 세력이 주도한 결과로 얻어진 정체된 문화에 신물을 냈다. 그에게 정치와 글씨는 정확히 유비된다.

32. 『광예주쌍집』, 제12장 「당나라 비는 비루하다」, 276.

정치에 보수와 진보가 있듯이 글씨에도 보수와 진보가 있다. 그리고 변하지 않으면 망한다.

> 지금의 정치를 말할 때도 그러하니 수구, 개화 두 당이 있는 것과 같다. 그러나 시대가 개신改新을 숭상하면 그 당은 번성하고 수구당은 쇠퇴하게 된다. 천하 세상의 변화가 이미 이루어졌고 인심이 그 변화를 좇으면서 변화가 주류가 된다. 변하는 것은 반드시 이기고 변하지 않는 것은 반드시 진다. 글씨도 그런 것이다.[33]

송나라의 소식과 미불은 당풍을 변화시켜서 성했지만 채양은 당법을 고수하여 망했다. 캉유웨이가 보기에 소식과 미불은 개신당이고 채양은 수구당이다. 캉유웨이는 자신이 높이 치는 등석여, 포세신, 조지겸은 육조풍을 변화시켰으니 개신당으로 여긴다. 그 개혁의 고봉에 완원이 있다.

캉유웨이는 당나라 이전의 북위와 한대의 글씨를 쓰자고 하면서도 자신을 개회파이기 개신당이라고 여기고 있다. 이는 그의 관점이 현재를 그냥 받아들이느냐, 그렇지 않느냐에 초점을 두고 있음을 드러낸다. 흔히 생각하는 것처럼 복고는 수구이자 보수가 아니라, 오히려 개혁이자 진보인 셈이다. 따라서 개혁파인 캉유웨이는 어느 시절이든 어느 세대든 자기 시대를 넘어서 바꾸고자 하는 사람이 흥한다고 단언한다.

캉유웨이에게 변화는 역사의 동인이다. 남북조비가 흥성하자 이를 본보기로 삼아 당시의 서풍을 과감하게 원천적으로 뒤바꾼 등석여,

---

33. 『광예주쌍집』, 제12장 「당나라 비는 비루하다」, 274.

포세신, 장유소는 천년의 역사를 바라보며 웅대하게 자신의 글씨를 이루어 희대의 명서가가 될 수 있었다.

변하는 글씨

글씨는 변한다. 글씨만 변하는 것이 아니라, 글씨본도 변한다. 시절마다 유행하는 글씨가 있다. 그런데 이제는 한나라를 본보기로 삼아야 한다.

캉유웨이가 글씨는 변한다고 주장하는 까닭은 바로 새로운 변화를 맞이할 때라고 생각했기 때문이다. 그래서 글씨의 본보기를 바꾸는 것은 일종의 문화운동이라는 주장이 성립한다. 글씨를 바꾸면 생각도 바뀐다. 묵은 것을 밀어내고 새것을 만들어야 한다. 이것이 배우는 사람의 일이다.

> 변화하는 사람은 반드시 이기고, 변화하지 않는 사람은 반드시 진다. 글씨도 그러한 것이다.[34]

글씨가 변하는 것을 알았으면 오늘의 글씨도 새로워져야 한다는 것을 깨달아야 한다. 하다못해 당나라의 글씨도 세 번 바뀌었다. 초기에는 구양순, 우세남, 저수량이 시원하고 굳세게 썼고, 중기에는 현종의 기호 때문에 이옹, 안진경, 소영지가 굵고 살찌게 썼고, 말기에는 심전사, 유권공이 중기의 서풍을 고치고자 했으나 살은 없고 뼈만 남게

---

34. 『광예주쌍집』, 제12장 「당나라 비는 비루하다」, 276.

되었다. 캉유웨이의 시대인 청나라도 그렇다.

청나라의 서예는 네 번 변했다. 강희제(재위 1662~1722), 옹정제(재위 1723~1735) 때는 동기창만 모방하였고, 건륭제(재위 1736~1795) 때는 다투어 조맹부를 강구하였다. 구양순은 가경(1796~1820), 도광(1821~1850) 연간 사이에 귀하게 여겨져 흥성하였고, 북비는 함풍(1851~1861), 동치(1862~1874) 연간 사이에 싹텄다. 오늘에 이르러 비학은 더욱 성행하여 북비와 구양순 사이를 많이 드나드는데 조맹부도 그 사이에 끼어든다.[35]

요약하면 캉유웨이의 시대인 청나라 때의 네 변화는 이렇다.
① 동기창(1556~1636: 명) 풍
② 조맹부(1254~1322: 원) 풍
③ 구양순(557~641: 당) 풍
④ 북비(386~534: 북위) 풍 조맹부 풍과 구양순 풍이 함께 있는

나아가 글씨에도 고학과 금학이 있다고 캉유웨이는 주장한다.
⑤ 고학: 진나라 첩, 당나라 비. 첩 위주. 유용, 요내 등의 작품.
⑥ 금학: 북비, 한나라 전서. 비 위주. 등석여, 장유소 등의 작품.

캉유웨이는 고문경학을 부정하고 금문경학을 옹립한 것처럼 서예에서도 고학을 누르고 금학을 세운다. 그의 생각은 일관된다. 먼저, 배우지 말아야 할 것이 당비이고 반드시 본받아야 할 것이 한나라 글씨

---

35. 『광예주쌍집』, 제4장 「시대에 따라 글씨는 변한다」, 150~151.

다. 다음, 첩보다는 비를 써야 한다. 마지막으로 등석여와 장유소가 일등급 명서가다.

글씨는 변하고 변해야 한다. 글씨 변화의 꽃이 네 번째의 북비 풍이다. 나아가 진첩과 당비를 중심으로 하는 고학을 버리고 한나라 전서와 북비를 쓰는 금학을 해야 한다.

여기서 캉유웨이의 주장이 일종의 문화운동임이 여실하게 드러난다. 단순하게 '그렇다'는 것이 아니라 '그래야 한다'는 것이기 때문이다. 금학을 해야 한다. 북비를 써야 한다. 왕희지 시대의 첩을 버리고, 한나라의 전서를 취해야 한다. 첩은 오래되어 원본과 거리가 멀다. 벽에서 나왔다는 고문 경전과 그 글씨는 유흠의 위서이니 한나라 당시 학자들이 보던 금문 경전과 그 글씨를 보아야 한다. 한나라의 팔분 곧 오늘날 예서라고 불리는 글씨로 쓰인 한나라의 비문과 북위의 비문을 써야 한다.

북비남첩론

캉유웨이에 앞서 이미 비슷한 주장을 한 사람이 있었다. 그가 곧 완원阮元(1764~1849)이다. 캉유웨이보다 100년 가량 앞선 완원은 북조의 거칠고 굳센 서풍과 남조의 부드럽고 매끄러운 서풍을 나눈다. 그리하여 북조는 북위를 중심으로 출토되는 비의 글씨로 대표되고, 남조는 왕희지와 그의 추종자들이 남긴 첩의 글씨로 대표된다.

완원은 단순히 이러한 구분에 머물지 않고 서예사에서 가장 충격적인 주장을 내놓는다. '가장'이라는 말을 써도 되는 까닭은 글씨에 대한 확실한 포폄褒貶이 그 이전에도, 그 이후에도 이렇게 명확하게 대두된 적이 없었기 때문이다. 문서의 내용에 대해서는 진위를 비롯해서

학파나 학자에 따라 상반된 태도가 있었고 시대에 따라 주류와 비주류가 바뀌기도 했다. 그러나 문장을 쓴 글씨에 대한 평가를 완전히 뒤집은 적은 없었다. 그런 점에서 완원은 중국서예의 역사상 최초로 새로운 심미기준을 제시한 인물이다. 아직까지 그를 뒤집는 심미기준은 나오지 않았으니 그의 주장은 최후의 표준이기도 하다.

완원의 주장은 한마디로 '이제 남첩을 버리고 북비를 쓰자'는 것이었다. 여기서 남북은 남북조시대의 남조와 북조를 가리킨다. 그런데 서예사에서 중시되던 것이 남조의 첩이었지 북조의 비가 아니었다. 이런 생각을 뒤엎고 북비를 중시한 사람이 바로 완원이었다. 완원은 이를 「북비남첩론」이라는 짧은 글로 정리한다.

완원은 당대 최고의 학자였다. 절강순무浙江巡撫라는 고위직에도 머물렀지만 곳곳에 학교를 열어 학문을 진작했다. 광동에는 학해당學海堂을, 항주에는 고경정사古經精舍를 열어 인재를 양성하고 서적을 편찬했다. 그는 『경적찬고經籍纂詁』와 『십삼경주소교감기十三經註疏校勘記』와 같은 책도 편집했지만, 가장 유명한 것은 청나라 여러 학자의 경학을 집대성한 『황청경해黃淸經解』(1,408권)이다.

완원의 주장은 남조에서는 한나라 글씨를 모아 법첩으로 만들고 이를 쓰게 했지만 북조에서는 비석에 쓰인 글씨를 그대로 교본으로 삼아 쓸 수 있었기 때문에 시대가 변해도 원래의 글자체를 유지할 수 있었다는 것이었다. 여기에는 남조에서는 비석을 세우지 못하게 한 역사적 사실도 원인으로 꼽힌다. 법첩은 종이에 썼기 때문에 훼손되고 왜곡되기 쉬웠다. 따라서 좋은 글씨가 나오기 어려우니 돌에 쓰인 글씨로 돌아가자.

완원의 「남북서파론」도 이와 같은 맥락에서 남과 북은 서파가 다르다는 주장이다. 그런데 캉유웨이는 남조에도 비문이 있다는 주장으로 완원을 비판적으로 이해한다.

남비는 전해져 내려온 것이 대단히 적다. 그러나 양나라의 〈시흥충무왕비〉에서 보이는 창이 쭉 늘어서 있는 모습과 같은 노봉露鋒과 포세布勢는 당나라 구양순을 나오게 했으니 어찌 북위의 〈장맹룡비〉, 〈양대안조사기〉의 필법과 다름이 있겠는가! 따라서 글씨는 파를 나눌 수는 있어도 남북은 파를 나눌 수는 없다. 완원이 이와 같은 논리를 펼치는 것은 남비를 적게 보아 그 원류를 알 수 없었기 때문이다. 그래서 헛되이 비와 첩으로 경계를 만들어 억지로 남북을 나누었다.[36]

캉유웨이의 주장은 남조는 금비령으로 임금의 아들이라도 함부로 비를 세울 수 없었기 때문에 일단 세워진 비는 희귀할 뿐만 아니라 작품성이 출중하고, 따라서 현존하는 남비는 보물이 아닐 수 없으며 남북으로 서파를 나누는 것은 온당치 않다는 것이다.

여기서 캉유웨이의 관점은 사실 단순하다. '첩보다 비를 쓰는 것이 옳다는 완원의 주장은 옳다. 또한 북조는 비를 쓰고 남조는 첩을 쓴 것도 맞다. 그러나 남조에도 드물게 좋은 비가 있음을 잊지 말자.' 바로 이것이다. 한마디로, 완원의 '북비남첩론'은 받아들이지만 '남북서파론'은 받아들이기 어렵다는 것이다.

그런데 캉유웨이도 비문 가운데에서도 북위비를 높게 평가하기 때문에 완원의 주장을 뒤엎는 것은 아니다. 북위비에는 다른 비문의 장점을 골고루 갖추고 있으며 당나라의 우세남과 저수량의 예스런 맛도 북위비에서 나온 것이라고 여기기 때문에, 캉유웨이는 여전히 「북비남첩론」을 따르고 있다. 하다못해 우세남과 저수량을 당 이전의 육조시대 사람으로 보고자 했음을 떠올리자.

36. 『광예주쌍집』, 제9장 「남조비는 보물이다」, 241.

남조비가 보물 같다면서 캉유웨이는 뜬금없이 고구려와 신라비를 거론한다. 〈고구려고성각석〉과 〈신라진흥대왕순수관경비〉인데, 그는 고구려비를 송비와 함께, 신라비를 진陳나라비와 함께 높이 평가한다. 캉유웨이가 이 두 비를 높게 평가하는 것은 여기서만 아니고 『광예주쌍집』의 끝부분에서 모든 비를 평하면서도 그러하다. 캉유웨이가 고구려비와 신라비를 보게 된 것은, 나의 추측으로는 모두 김정희의 금석학 연구의 성과로 보인다북한산 〈진흥왕순수비〉의 발견자가 김정희이지 않는가. 옹방강의 제자인 섭지선이 사형師兄으로서 김정희에게 중국의 금석 탁본을 모아 보내주었듯이 김정희도 답례로 우리의 비문 탁본을 보내주었고, 그 탁본이 유리창에서 모본으로 거래되었으리라 추측된다. 또한 캉유웨이가 이 자리에서 고구려비와 신라비를 말하는 것은 북조선비족가 이민족의 통치 기간에 융성한 문화를 보여준 것과 유비되기 때문으로 보인다. 캉유웨이 스스로 "고구려 고성의 각석과 신라의 순수비 같은 것은 먼 오랑캐들이 만든 것인데 외국에서 온 것이지만 고상하고 아름다워 이미 고금의 으뜸이 되었다"[37]고 말하고 있다.

완원, 캉유웨이, 김정희

이 글의 중심이 완원은 아니기에 짤막하게 다룰 수밖에 없지만 두 가지는 짚고 넘어가고자 한다.

첫째, 위에 나온 캉유웨이의 수많은 논설의 동기는 완원이라고 분명히 말할 수 있다. 증거나 주장은 많은 차이를 보인다. 그럼에도 '종이

---

37. 『광예주쌍집』, 제9장 「남조비는 보물이다」, 245.

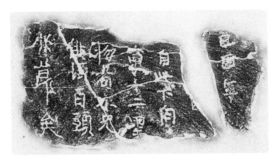
고성각석명 (석주선기념박물관 소장)

북한산 진흥왕순수비 탁본 (문화재청)

에서 돌로 가자'는 최초의 착상은 누가 뭐래도 완원이었다. 생각의 처음initiative에 마음속 깊은 우러름을 보내는 것은 마땅하다. 덧붙이거나 바꾸기는 쉽다. 그러나 단초를 떠올리고 그것을 증명하기는 참으로 어렵다. 캉유웨이는 완원을 존숭하면서도 완원의 단점을 드러내지만,

그렇다고 해서 완원의 문제제기가 값어치를 잃는 것은 아니다.

둘째, 완원은 우리의 추사 김정희(1786~1856)에게 절대적인 영향을 미친다. 아버지를 수행하는 자제군관子弟軍官의 자격으로 북경에 간 스물네 살의 김정희는 완원과 사제의 연을 맺고 이후 이 같은 문화운동에 동참한다. 김정희의 호가 완당阮堂인 까닭이 바로 완원에 대한 존경심에서 비롯된 것이다. 오늘날 우리가 보고 있는 추사의 전집 가운데 완원의 논문이 섞여 있는데도 구별하지 못하는 것은 안타까운 일이다. 김정희는 완원뿐만 아니라 완원보다 서른 살가량 많은 옹방강翁方綱(1733~1818)도 만나고, 옹방강은 그의 제자인 섭지선葉志詵(1779~1862)에게 김정희를 부탁함으로써 김정희는 오랜 귀양생활 중에도 중국의 새로운 자료를 접할 수 있었다. 김정희의 호 가운데 보담재寶覃齋는 담계覃溪 옹방강 선생을 보물처럼 여기겠다는 뜻이다.

첫째와 관련해서는 등석여가 이론이 아닌 실천에서는 완원보다 앞서기 때문에 북비남첩의 주장을 등석여에게 돌리자는 이견이 있을 수 있으나, 완원은 금석학자로서 이를 고증하여 논설로 남긴 학자임에 틀림없다.

둘째와 관련해서는 옹방강은 전통에 따라 첩학을 기반으로 했기 때문에 완원의 주장을 받아들이지 않았다는 주장이 있을 수 있으나, 옹방강은 『양한금석기兩漢金石記』나 『한석경잔자고漢石經殘字考』를 남긴 금석학자로 한나라 예서의 전문가였음을 잊어서는 안 된다.

미학의 코페르니쿠스적 전환

완원에게는 약한 남첩의 서풍이 아닌 강한 북비의 서풍이야말로 그의 시대에 가장 필요한 심미적 전환이었다. 그리고 그의 큰 명분은 종

– 캉유웨이: 서예와 미학적 전환

이의 글씨보다는 돌의 글씨를 따르자는 것이었다. 종이는 수명의 한계 때문에 진적과는 거리가 멀고 돌은 그런대로 원형을 유지하고 있으니 돌의 글씨를 쓰는 것이 옳았다. 그러나 속내는 비문이 많이 남아 있는 북위의 글씨가 예스런 강건함을 지니고 있는 반면, 법첩을 써야 했던 남조의 글씨는 유순하고 두리뭉실해졌다는 판단에서 비롯된다. 나아가 완원의 주장은 서파도 이렇게 남북으로 나뉘니 북파가 되자는 것이다.

캉유웨이는 완원이 서파를 남북으로 나누는 것을 짐짓 반대하면서도 그의 북비에 대한 강조는 냉큼 받아들인다. 남조에도 좋은 비문이 있으니 남북으로 서파를 나누는 것은 옳지 않아도 종이의 글씨보다는 돌의 글씨를 써야 한다는 데는 적극적으로 동의한다. 나아가 캉유웨이는 역시 기본은 한나라 글씨에 있음을 강조한다. 북위비는 한나라 예서가 제대로 드러난 서예의 결정판이었다.

여기서 우리는 이러한 물음을 갖는다. 정말로 서풍이 남북으로 나뉠까? 남쪽에도 북쪽처럼 쓰는 사람은 없었는가? 캉유웨이에 따르면 첩학의 한계에 갇히긴 했지만 그렇다고 해서 남북으로 서파가 나뉠 수는 없다. 그러나 첩학을 위주로 하면 글씨가 엉망이 되었다는 완원의 주장은 옳다. 따라서 비문을 써라.

비문이라고 해서 다 좋은 것은 아니다. 당나라 비는 멀리하라. 대신 한나라 비, 북위 비를 써라. 예쁘게 짜임새만 맞추려는 당나라 비는 안 써도 좋다. 자유분방하고 호호탕탕한 한비를 써라.

완원도 그러했지만 캉유웨이의 주장에는 결과적으로 일종의 가치판단을 일으킨다. 부드러운 글씨는 가라, 둥글둥글한 글씨는 쓰지 말자, 모나고 힘찬 글씨를 쓰자!

한유가 고문운동으로 4·6 변려문에 갇힌 문장을 버리고 자유로운 문체를 씀으로써 사고의 해방을 얻은 것처럼, 캉유웨이는 왕희지, 구양순, 조맹부의 나약한 글씨와 심지어 군인인 안진경의 살찐 글씨조차 버리고 한나라의 글씨를 씀으로써 활력 있고 기개 넘치는 중국 문화의 도래를 희망했다. 그것은 캉유웨이라는 개혁주의자의 갈망이었다.

　서예라는 것이 작은 일이지만, 완원의 금석학으로 열린 강인한 전통의 부활을 그려보며, 그러한 영향을 받은 포세신이 쓴 『예주쌍집』을 지표로 삼아, 캉유웨이는 『광예주쌍집』을 내놓아 수구를 반대하고 개화를 주창한다.

　캉유웨이1857년생가 살던 시대는 북경까지 들어온 영불 연합군이 예수회 신부 낭세령郞世寧,Giuseppe Castiglione(1688~1766)이 설계에 참여한 서양식 궁전인 원명원을 쑥대밭으로 만들던 서세동점의 시대(1860)였다. 그런 상황을 벗어나기 위해서는 정신도 고쳐야 하겠지만 먼저 글씨부터 바꿔야 했다. 과거시험용 글씨에 매달리면서 배운 글씨가 중국인의 정신을 옥죄었다. 처음에는 캉유웨이도 할아버지로부터 왕희지의 〈악의론〉을 배우기 시작하여 구양순과 조맹부의 글씨를 배웠지만, 그는 첩학에서 비학으로 나아감으로써 짜인 아름다움이 아니라 네스립고 도픠운 힘을 알아차렸다.

　우리는 캉유웨이를 보면서 미학도 하나의 운동이라는 것을 확실하게 느낀다. 개혁은 머리로만 하는 것이 아니다. 손으로도 한다. 심미안을 개척함으로써 새로운 세상을 열 수 있다. 이것이 캉유웨이가 알게 모르게 지탱하던 사고였다.

　천동설지구중심설을 버리고 지동설태양중심설을 내세운 코페르니쿠스를 빌려 칸트는 자신의 철학을 '코페르니쿠스적 혁명'이라고 자신 있게 부른다. 세계는 밖에 있지만 나의 내면이 바라봐주지 않으면 그것은 말짱 헛것이다. 따라서 인식의 주체의 능력과 한계부터 따져보아야 한다. 그래서 그는 전통적으로 완전하다고 여기는 이성에 과감히 '비판'이라는 말을 붙였다.

－ 캉유웨이: 서예와 미학적 전환

미적 평가가 전통적으로 예쁜 글씨에 매달릴 때 캉유웨이는 힘찬 글씨를 그 대안으로 내놓는다. 죽어가는 청나라에 활력을 넣어 개혁의 기치를 올린다. 미학적 전환으로 새로운 세상을 꿈꾸는 것이다.

조선의 예술은 인류의 비극을 담는다

– 야나기 무네요시: 민예의 발견

동아일보

1984년 9월19일 〈동아일보〉에는 '광화문 철거 반대 일인日人 유종열 柳宗悦 씨에 문화훈장'이라는 제목으로 다음과 같은 작은 기사가 실린다.

이진희 문공부장관은 19일 오전 정부초청으로 방문한 일본민예협회 회장 야나기 무네미치柳宗理 씨에게 그의 선친인 야나기 무네요시에 대한 보관문화훈장을 추서했다. 야나기 무네요시柳宗悦 씨는 일제치하 우리나라의 문화와 예술을 보존하고 널리 소개하는 데 적극 나선 학자로 조선 총독부의 광화문 파괴정책에 반대하여 '잃게 된 한 조선건축을 위하여'라는 글을 발표, 국내외 여론을 일으킨 것으로 유명하다. 일본인으로 우리나라 문화훈장을 받는 것은 이번 야나기 씨가 처음이다.

야나기 무네요시는 이렇게 광화문과 함께 우리나라 사람에게 기억되고 있었다. 대한민국은 일본인으로는 처음으로 야나기 무네요시에게 보관문화훈장을 수여한다. 보관문화훈장은 '금은보옥화金銀寶玉華'라는 5단계 문화훈장의 가운데 위계에 해당한다. 배우 신구와 김영애, 성우 송도순 등이 수훈한 바 있다.

이진희 장관은 동아일보 정치부 기자 출신으로 당시 어용신문인 서울신문의 정치부장을 역임하고는 유신시대 유신정우회 국회의원에 1, 2기에 임명되었다. 이후 전두환 군부가 권력을 잡으면서 문화방송 겸 경향신문 사장에 임명된다. 이후 1982년에 문화공보부 장관으로 임명되어 1985년 초까지 재임한다.

이진희 장관이 야나기 무네요시에게 훈장을 추서한 까닭은 모른다. 일본과의 관계 회복을 위한 것일 수도 있고 그렇지 않을 수도 있다. 단순히 중립적인 것일 수도 있다. 그러나 적어도 독재정권 당시 군부가 야나기 무네요시에게 훈장을 수여하는 것에 거부감을 지니지 않았으며, 야나기가 한일우호의 상징으로 비춰진 것은 사실이다.

그 다음날 동아일보에는 '잠깐…'이라는 박스칼럼에 이 일이 야나기 무네요시의 아들 무네미치의 사진과 함께 5단 기사로 실린다.

> 한일 두 나라 사이의 우호적인 분위기 속에 역사상 처음으로 일본인에게 문화훈장이 추서됐다. 1920년대 초 조선총독부가 신청사현 중앙청를 신축하기 위해 광화문을 헐어버리려고 할 때 일본인으로 대담하게 이를 반대하는 「아, 광화문」이란 글을 동아일보에 기고했던 야나기 무네요시 씨가 그 주인공. 선친의 한국문화에 대한 정열을 이어받아 일본민예관을 운영하고 있는 아들 야나기 무네미치 씨가 대한민국 정부로부터 선친에 대한 보국문화훈장을 전달받기 위해 한국에 왔다. "아버님께서는 한국의 전통문화를 마음속으로부터 존경하셨지요. 일본의 문화가 한국에서 전래됐다는 사실을 누구보다 잘 알고 계셨으며 일본의 식민지통치를 항상 부끄럽게 생각하셨습니다." (…) 야나기 씨 자신은 일본의 공업 디자이너로 여러 권의 저서를 갖고 있으며 서독에서 공업디자인 교수를 지내기도 했다. "내년 한국과 일본의 국교정상화 20주년을 맞아 일본민예관은 한국 관계 소장품을 모아 특별전을 기획하고 있습니다. 정부의 보조를 받지 않아 운영에 어려움을 겪고 있으나 한국의 뜻있는 인사들이 이 민예관을 위해 도움을 보내오고 있어 이 기회에 감사를 드리고 싶어요." (…) (홍찬식 기자)

긴 기사 속에 드러나는 '우호적인 분위기', '국교정상화 20주년'이라는 어휘에서 알 수 있듯이 당시 한일관계의 필요에 의해 보관문화훈장이 추서된 것으로 보인다. '내년쯤 한국 관계 소장품 모아 특별전 예정'이라는 돋은 기사가 심증을 굳혀준다. 국교정상화 20주년을 놓고 상징적인 인물을 찾아보았고 야나기 무네요시가 낙점되지 않았을까?

야나기와 카네코

야나기 무네요시의 부인 야나기 카네코兼子는 훈장추서 소식을 듣고 매우 기뻐했다고 전한다. 당초 아들과 함께 서울에 와서 문화훈장을 받기로 했으나 6월에 그만 세상을 떠나고 말았다.

성악가였던 카네코는 젊은 시절 서울에서 독창회를 갖기도 했다. 동아일보에 따르면, 서양음악이 들어온 이후 최초의 개인음악회로 기록된다. 동아일보는 1921년 YMCA에서 카네코의 독창회를 주최하는데, 1916년 야나기가 해인사와 석굴암을 방문한 지 5년 후의 일이다.

야나기 무네요시는 음악회를 통해 조선에 대한 이해를 증진시키는 사업을 위한 성금을 모으고자 했다. 1920년 4월에 쓴 「음악회 취지문」[1]이 다음해 서울에서 열릴 음악회를 준비하는 것인지는 문서상으로는 확인되지 않는다. 그러나 내용으로 볼 때 이웃 나라 사람들에 대한 신뢰와 애정으로 음악회를 여는 이 기회를 조선의 사람들에게 바친다는 것으로 보아 장기적으로 서울의 음악회와 관계있음이 틀림없다.

야나기와 카네코의 공동명의로 된 이 취지문은 조선의 것에 쏠린 자신의 마음을 드러내며 고통받는 사람을 생각할 때마다 슬픈 감정이 일어난다고 시작한다. "본래 인종적으로나 지리적으로나 가까운 혈연간에 있는 일본과 조선은 마음으로부터의 벗"인데 서로를 증오하게

---

1. 『야나기 무네요시 전집』 6, 「음악회 취의서(趣意書)」, 172. 이하『야나기 전집』.

되었고, 이렇게 정치적인 힘으로 두 나라를 묶어 버리려는 일이 성공할지 모르겠다는 것이다. 여기서 야나기는 말을 많이 돌리고는 있지만 기본적으로 한일병합에 반대함을 알 수 있다. 되지도 않을 일을 무력적인 식민통치로 벌이고 있다고 부정적으로 표현한다.

야나기와 카네코를 '우리'라는 말로 드러낸 이 취지문은, 이 세대에서 진정한 평화와 우정을 안에서부터 지켜주는 것은 종교와 예술의 길이라고 믿는다면서 서로의 사랑을 불러내 깨우자고 말한다. 일본인과 조선인이 협력日鮮人協力하는 문예나 학예 잡지도 내고 싶다면서 자신들의 작업이 평화로 나가는 의미 깊은 최초의 일보라고 믿는다는 것이다. 이런 계획을 수행하기 위해 자금을 모으려 일본內地 각지에서 최초의 음악회를 열고자 했다. 야나기와 카네코는 감정이나 정情, 애愛라는 표현을 자주 쓰면서 '정애情愛'야말로 미래의 동양문화를 만들어가는 아름답고 큰 동인임을 굳게 믿는다고 밝힌다.

음악회는 일본인의 성금, 그들의 표현으로는 정재淨財를 모으기 위한 것이었다. 1980년대의 동아일보는 카네코의 음악회를 '서양음악이 들어온 이후 최초의 개인음악회'로 단순하게 평가했지만, 사실 그것은 조선과 일본의 문화교류 나아가 미래의 동양문화를 목표로 자금을 마련하기 위한 것이었다. 오늘날로 말하자면 순회공연의 일환으로 일종의 바자bazaar 음악회였다.

조선의 소반

야나기는 『조선의 소반朝鮮の膳』(1929) 발문뒷글을 쓰면서 다쿠미에게 이 책을 쓰라고 권유한 것에 대해 설명한다. 야나기에 따르면 이런 책을 쓰는 것은 조선 사람보다 다쿠미가 더 적절한 작자다.

지금 그 민족은 그럴 만한 마음의 여유를 갖고 있지 않으며, 비천한 것이라 하여 기물을 학문적으로 존경하지 않는 경향이 있기 때문이라네. 자네말고 그 누가 조선 사람을 대신하여 공예에 관한 것을 올바로 전할 수 있겠는가.[2]

그러면서 야나기는 다쿠미를 '조선의 진정한 친구'이며 그처럼 '지식과 사랑을 고루 갖추고 있는 사람'은 이 세상에 별로 없음을 강조한다. 자신과 함께 조선을 위해 힘쓴 일이 많은 다쿠미가 반드시 써야 할 것이 바로 조선의 소반에 대한 책이었다. 아름다운 조선의 소반에 마음이 이끌려 살아온 20년간의 세월을 어찌 정리해놓지 않을 수 있겠는가. 조선말에 능숙하고 조선인과 교제하고 조선의 공예를 아끼고 날마다 그 물품을 사용하는 다쿠미는 여느 학자보다 그것을 올바른 의미로 사랑하고 있었다.

야나기는 증언한다. 최근 5, 6년간 '조선민족미술관'을 위해 소반을 모았다. 일본에 있어 다쿠미가 번거로운 일을 도맡았다. 소반 가운데에는 잡화상의 어두컴컴한 구석에서 눈에 띈 것도 있고, 산간벽지의 민가에서부터 등에 짊어지고 온 것도 있고, 생활비라는 사실을 잊고 사들인 것도 있다……. 다쿠미는 '탄생의 어머니'다.

조선인은 유구한 역사 속에서 잊히지 않을 일들을 수없이 남겼다네. 특히 영원한 것은 예술이라네. 그 중에서도 종류에서나 질적으로 가장 풍부한 것은 공예라네. 특히 도자기는 일찍부터 중국과 일본에 그 명성이 알려졌고 오늘날에는 세계의 이목을 끌고 있지. 그렇지만 그보다도 더

---

2. 『조선의 소반·조선도자명고』, 84.

아름다운 것은 목공품이라네.[3]

야나기의 발문에서 주목할 관념은 바로 공예다. 공예라는 개념은 전통적인 어휘가 아니다. 사농공상士農工商의 공工 개념은 충분히 들어온다. 공은 호미, 쟁기, 도마, 홍두깨만이 아니라 여러 재질의 그릇도자기, 방자유기, 항아리과 가구, 덧붙여 문구를 만드는 것이다. 그런데 거기에 예藝를 붙인다는 것은 상당히 전통과는 이질적인 사고다.

예가 무엇인가? 전통적으로 6예藝를 말했고 이는 교육제도에 반영되었다. 예禮, 악樂, 사射, 어御, 서書, 수數가 육학六學이었다. 의례의 관장, 악기 다루기, 활쏘기, 말 타기, 문서용 글쓰기, 수학적 계산은 삶에서 으레 매우 필요한 일이면서도 기능적인 완숙도를 요한다. 이를테면 예禮를 모르면 의식을 진행할 줄 모르며, 악기나 악보를 모르면 음악이 나올 수 없고, 활쏘기는 무예의 꽃이고, 말 부리기는 이동수단의 활용이며, 글씨는 온갖 문서작성을 도맡는 것이며, 수학은 계산의 숙지다. 그런데 이 6예는 기예技藝나 기능機能이라서 고차원적인 사고 능력과는 구변되는데, 이른바 공은 6예에 끼지도 못한다.

야나기가 조선인이 기물의 제작을 천박한 것으로 보아 학문적인 대접을 하지 않는다고 한 점이 이것이다. 그럼에도 야나기가 공工 자에 예藝 자를 붙이는 것은 현대적 예술의 고차원적인 의미를 부여하고자 함이었다.

공자孔子의 경우도 예藝를 재주의 의미로 쓴다. 아무리 재주가 많아도 예악으로 꾸미지 않으면 안 된다는 것이 공자의 기본 생각이다.[4] 그러

---

3. 『조선의 소반·조선도자명고』, 84~85.
4. 『논어』, 「헌문」: 子路問成人, 子曰 若臧武仲之知, 公綽之不欲, 卞莊子之勇, 冉求之藝 文之以禮樂 亦可以爲成人矣.

나 공자는 스스로 천하게 자라 관직은 얻지 못했지만 이것저것 할 줄 아는 것이 많다는 점에서 자신의 기예에 자부심을 갖는다.[5] 나아가 도덕과 인의에 이어 기예의 중요함을 주장함으로써 공자의 예藝는 상당한 지위로 격상된다.[6] 그래서 이후 서양의 예술 및 제작과 같은 창작 행위를 예로 번역하면서 공자의 바로 '예에서 노닌다유어예(遊於藝)'는 말은 늘 원용되었다. 오늘날도 예술藝術이라고 하면서 술 자가 붙는 것은 예술에서 기술이나 기예의 의미를 떼어놓을 수 없기 때문이다.

야나기는 공과 예를 붙여 공예라는 말을 사용함으로써 오늘날 우리에게 친숙한 범주를 제공한다. 여기서 공예는 단순한 산업적 생산물 industrial art을 가리키는 것이 아니다. 야나기의 공예는 장인의 기술이 예술의 경지craft to art에까지 올라갔음을 말한다. 그것은 장롱, 책상, 궤짝, 시렁을 비롯한 소도구와 밥상에 이르는 다양한 기물의 온화하고 친근한 예술성을 발견하고 찬미하는 것이었다.

어떤 상상의 날개를 펼쳐서 이러한 변화를 만들어낸 것일까? 수공예에 대한 그 국민의 놀랄 만한 본능을 말해준다네. 이 책에 서술되어 있는 소반은 그 일부에 지나지 않지만 조선의 공예가 어떠한 아름다움을 어떤 식으로 드러내고 있는지를 여실히 말해주고 있다네. 아마 이 책은 기물을 사랑하는 사람들에게 또 아름다움을 감상할줄 아는 사람들에게 이상한 놀라움과 조선에 대한 동경을 불러일으킬 것이네.[7]

조선의 공예품을 보면 조선을 동경할 것이란다. 우리가 흔히 개다리

---

5. 『논어』, 「자공」: 牢曰 子云, 吾不試, 故藝.
6. 『논어』, 「술이」: 子曰 志於道, 據於德, 依於仁, 游於藝.
7. 『조선의 소반 · 조선도자명고』, 85.

밥상이라고 부르는 그것을 보고, 아름다움이 무엇인지 아는 사람이라면 조선을 간절히 그리워하게 될 것이란다. 다리의 조각이 개다리 같아 개다리 밥상, 개다리소반小盤이라고 불리는 우리에게 너무도 친숙한, 그래서 지천에 널린, 나아가 개다리소반만이 아니라 아래를 막거나 여러 방식으로 뚫어 모양을 낸 각 지역에 따라 달리 창작되는 작은 밥상이 예술이라는 품계에까지 오른 것이다. 너무도 익숙하여 그러려니 한 우리의 밥상 또는 찻상이 일본인의 눈에는 진정 아름답게 느껴진 것이다.

다쿠미는 원래 서문을 써달라고 했지만 야나기는 저자의 본문과 삽화로 충분하다며 발문으로 대신한다. 야나기는 이렇게 마무리한다. 낭만적인 필치이지만 사랑이 듬뿍 들어간 이야기다.

> 지금 밖에는 싸락눈이 끊임없이 흩날리고 있다네. 어느 때보다 더 추운 교토의 저녁이라네. 자네가 있는 경성 교외의 기온은 영하 이하 어느 정도로 떨어졌을까. 그러나 지금쯤은 온돌방에서 조선의 소반에 한식구가 단란하게 둘러앉아 주선의 식기로 식사를 하고 있을 무렵이라 생각하네. 내 집안에서도 세 끼 식사 때에는 조선의 소반을 떠나는 일이 없다네. 어떤 운명인지 자네와 나는 한평생 조선과 떼려야 뗄 수 없는 인연을 맺고 사는 것 같다네. 서로 할 수 있는 한 힘껏 조선을 위한 일을 하도록 하세.[8]

놀랍게도 다쿠미의 책에는 '재료는 실물이 곁에 없으므로 판별할 수 없지만 아마 은행나무와 참피나무였을 것'이라면서 생산지를 전라도

---

8. 『조선의 소반 · 조선도자명고』, 85~86.

로 추정하고, '아취雅趣가 풍부하며 단단한 작품'이라며 야나기가 밥을 먹은 조선의 소반을 사진으로 남긴다. 그의 책에 실린 많은 사진이 야나기가 준 것인데 그 처음 것으로 '교토 야나기 무네요시 씨 집에서 사용'하는 8개의 판을 팔각으로 맞춘 예식용 원반을 싣는다. 지름 30.3cm의 '예식용 대형 원반'으로 말하는데, 소형 가운데 대형임을 가리킨다. 책에는 다쿠미의 형 노리타카의 집에서 사용하는 민간 원반 사진도 실려 있다.

우리의 주제는 야나기이지만 그에게 큰 영향을 미친 다쿠미의 업적을 잠시 살펴보자. 형인 노리타카가 먼저 조선에 왔고 야나기도 먼저 만나지만, 실질적인 연구는 다쿠미가 이룬다.

다쿠미의 소반

소반小盤은 작은 상을 말한다. 쟁반錚盤과는 달리 다리가 있어 좌식문화인 우리에게는 쓸모가 많은 살림살이다.

조선의 음식예절에서 특이한 것은 독상獨床을 원칙으로 했다는 것이다. 궁중에서는 물론 반가에서도 각자의 상을 차려 음식을 대접했다. 그런 점에서 소반은 함께 먹는 것보다는 온전한 독상을 지향한다. 옛날 할아버지가 밥을 먹으면서 맏손자 하나만을 데리고 먹었다는 이야기를 들어본 적이 있을 것이다. 할아버지는 잘 차려진 독상에 귀여운 손자를 불러 같이 먹는다.

주안상酒案床이라는 말도 술과 안주가 차려진 독상이다. 주안상을 놓고 둘, 셋이 먹을 수는 있지만 대접의 원칙은 독상이었다. 하인이 따라왔으면 하인에게도 독상을 차려준다. 그런 점에서 소반은 우리 식생활의 중심 가구가 아닐 수 없다.

소반의 윗부분과 아랫부분의 가공과 미적 장치는 지역마다 특색이 넘쳤다. 그래서 지역명과 더불어 'ㅇㅇ반'이라고 부른다. 윗부분은 원형, 팔각 등이 있었고, 아랫부분은 흔히 개다리 꼴의 멋부림이 있었다. 개다리보다 허벅지가 굵고 장식이 많은 것을 호랑이다리 같다고 하여 '호족반虎足盤'이라고 부르기도 했고, 나주 지역이 특히 그러하여 나주반을 그렇게 불렀다. 최근에는 개다리보다는 호랑이다리가 듣기 좋아 전체적으로 호족반이라고 부르기도 하지만 구족반狗足盤과 호족반은 흰 방향이 다르다. 호족반이든 구족반이든 우리나라 소반에서 특징적인 것은 바닥부분을 나무로 평행하게 연결시켜 안정감과 심미감을 더했다는 점이다. 이를 '족대足臺'라고 부른다.

우리나라에서 이런 가구를 일목요연에게 볼 수 있는 곳은 서울 성북구의 한국가구박물관이다. 비싼 입장료에 예약과 인솔 관람이 원칙이라서 쉽게 접근하기 어렵지만 국가 행사를 치를 만큼 훌륭한 곳이다. 외국인 손님에게 쉽게 볼 수 없는 한국의 가구 문화를 자랑스럽게 보여주기 좋다.

다쿠미(1891~1931)는 고유섭처럼 갓 마흔에 생을 마감했다. 우리나라에 머문 시간은 17년인데 전국을 돌아다니면서 소반을 모아온 것이다. 다쿠미 이전에 이와 관련된 문헌은 전혀 없다고 해도 지나치지 않다. 실학자 정약전이 흑산도의 물고기를 모아놓은 『현산어보』[9]는 있었

---

9. 『현산어보(玆山魚譜)』는 『자산어보』라고 흔히 일컫지만 분명히 잘못된 발음이다. 오늘날 자(玆)로 읽히는 이 글자는 현(玄) 자가 두 개 겹친 글씨로 현의 고체이다. 흑산도(黑山島)를 문아(文雅)하게 부르기 위해 정약전이 그렇게 쓴 것이다. 흑이 'black'이라면 현은 'dark'다. 숯덩이와는 달리 밤하늘은 단순히 새까맣기만 한 것이 아니다. 흑이 물질적인 색깔이라면 현은 정신적인 색깔이다. 서양의 형이상학이 들어왔을 때 초창기에는 현학(玄學)으로 번역되었다. 또한 『천자문』의 시작이 '하늘 천, 따 지, 검을 현, 누루 황(天地玄黃)'인데 하늘이 검다(天玄)는 것은 우주

개다리소반(구족반) (국립중앙박물관)　　　　　　호족반 (국립중앙박물관)

지만 이른바 『소반보』는 없었다.

　다쿠미는 이미 형태상 호족, 원반, 공고상公故床, 관리의 점심 배달용과 같
은 종류를 알고 있었고, 부분 명칭인 운각雲脚, 상 밑 구름 모양의 장식, 난간
또는 막판幕板, 상 밑 직사각형으로 막아놓은 장식, 그 밑 보완 구조인 중대운각
또는 난간 밑에 한 줄로 두르듯 댄 작대기 모양의 보조 구조물, 그리고 맨 밑의 족대와
같은 단어에 익숙했다. 지역별 명칭인 나주반(전라, 충청), 통영반(경상),
해주반ㄷ자 엎어놓은 모양, 멸경몸(ㄇ) 꼴(서부,[10] 강원)의 특징도 잘 파악하고 있
었다.

　재미있는 것은 다쿠미가 모아놓은 사진 가운데 책의 맨 나중에 실어
놓은 것이다. 하동 장날의 풍경으로 소개하는데 화계장터로 보인다.

　　는 본디 검기 때문이다. 해가 떠 밝은 것은 잠시의 현상에 불과하다. 알다시피 정
　　약전은 정약용의 형이다.
10.　서북을 가리킨다. 해방 이후 활동한 서북청년회를 떠올려보라. 월남한 청년들
　　로 결성된 이 단체는 공산주의에 반대하여 극우이념을 갖고 있었다. '서청'으로
　　줄여 말한다.

원반 (국립중앙박물관)

공고상 (국립중앙박물관)

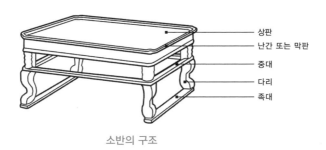

상판
난간 또는 막판
중대
다리
족대

소반의 구조

하얀 옷을 입은 사람들이 오가는데, 길 양쪽으로 두 종류의 소반을 쌓아놓고 있다. 다쿠미는 이쪽저쪽 산중에서 만들어 가지고 나온 소반을 '등에 지기 위한 도구인 지게'에 싣고 나와 파는 광경을 잡았다. 오른쪽에는 경상도의 통영반직사각형이, 왼쪽에는 전라도의 나주반원형의 호족반이 늘어져 있다. 지리산에서 만든 소반을 내다파는 것이다. 전라도 쪽에서는 나주반을, 경상도 쪽에서는 통영반을 만들었다. 다쿠미는 장터에 나온 나주반을 백반白盤으로 불렀는데, 백반은 원목 그대로 넘기면 사용자가 생칠生漆을 해가면서 길들이는 소반을 말한다. 다쿠미는 전라도의 운봉, 경상도의 함양이 주요 산지라며 지리산 일대는 좋은 나무가 많아 훌륭한 목공을 배출하였다고 설명한다.

시인은 풍경에 익숙해지면 시를 쓰지 못한다. 시는 세상을 멋쩍게 바라보는 것이다. 다쿠미는 눈에 이미 익어버린 조선인을 대신해서 소반의 참맛을 정리한다. 지금 하지 않으면 세월에 따라 사라지게 될 것을 염려하여 모아놓는다. 소반의 아름다움을 잊어버린 조선 젊은이들이 저토록 훌륭한 것이 우리나라에 있었나 하고 놀랄 만한 소반을 기록한다. 이후 더 인정받아 다양하고 우수한 사방탁자, 책상, 문갑, 장롱, 경대, 반닫이, 베개, 편지꽂이고비를 소개하고 싶다면서 이렇게 말한다.

> 조선의 소반은 순박한 아름다움에 단정한 모습을 지니고 있으면서도 우리들의 일상생활에 친숙하게 봉사하며 세월이 흐를수록 아취를 더해가니 올바른 공예의 표본이라 부를 수 있다.[11]

한 가정의 단란함의 중심인 소반은 사용하는 횟수에 비례하여 품위가 더해진다. 경성에서 원산으로 가는 기차 속에서 간도로 이주하는 가난한 농부 가족이 지니고 있는 것도 잘 닦은 소반이다. 경성에서 이사하는 사람들의 가재도구 위에서 각 지역의 많은 소반을 발견하는 것도 흔한 일이었다.

다쿠미가 소반을 '선膳'으로 번역한 것은 일본어 '고젠御膳'이 밥상을 가리키기 때문인데, 원래 선膳은 선饍과 같은 뜻으로 요리나 반찬을 뜻한다. 다쿠미는 재료의 질과 치수에 따라 '자연스럽고 자유롭게' 만들어진 소반을 사는 것조차 과자를 고르듯이 선택하는 즐거움이 있다고 말한다. 옻칠을 하지 않은 백반에 대해서도 잘 알아서 붉은 칠을 하거나 들기름을 바르기도 했고, 상가喪家에서는 백반을 그대로 사용했음

---

11. 『조선의 소반 · 조선도자명고』, 19.

을 부기한다. 다쿠미는 정약용의 『목민심서』를 인용, "『다산필담』에 이르기를, 나주에 이른바 목물차인木物差人이라는 것이 있는데, 해마다 군교軍校 중에서 시킨다."[12]고 말하면서 군산 앞바다의 12개 섬에서 나는 기이한 목재로 관납물품을 만들게 해서 백성의 고혈을 빼앗은 세태를 안타까워한다.

다쿠미는 책상반, 다각형8각도 있지만 보통은 12각을 포함한 원반, 사각형인 사우반四隅盤 또는 사방반四方盤 등 여러 종료를 잘 알고 있었다. 최근에 장방형이 많은 것은 재료 부족과 비용 절감 때문에 그런 것 같다고 말한다.

반은 소반의 주요 부분이므로 반 재료의 이름을 붙여서 부르기도 한다. 예를 들면 은행나무 상을 행자상杏子床, 느티나무 상을 귀목반규목반(槻木盤) 등으로 부르는 경우이다. 다리는 대개 소나무, 느티나무, 오리나무, 은행나무, 단풍나무, 물푸레나무 등 견고한 재료를 사용하며, 운각은 보통 버드나무, 백양나무 등을 즐겨 썼다. 이것은 판에 톱자국을 넣어 구부림 때 부러지지 않아야 하기 때문이다. 운각이나 그밖에 조각을 많이 하는 부분에는 은행나무, 참피나무, 오리나무, 버드나무, 가래나무 등 세공하기 쉬운 재료를 골라 썼다.[13]

조선의 소반이 아름다운 것은 삼나무, 노송나무, 소나무 등 침엽수에 속하는 양목良木을 쓰지 않고 활엽수 류의 잡목雜木을 썼기 때문으로, 면이 온화한 느낌을 주는 것은 나뭇결이 복잡하고 변화가 다채롭고 튼튼하여 오래 쓸수록 온화한 광택이 난다고 다쿠미는 말한다. 게

12. 『조선의 소반 · 조선도자명고』, 24~25.
13. 『조선의 소반 · 조선도자명고』, 32.

종이끈 칠 팔각 소반 (국립중앙박물관)

다가 『경국대전』에 따르면 일반인은 불로 다린 주칠朱漆을 할 수 없어 옻진을 그냥 바르는 생칠生漆을 함으로써 잡목의 멋이 두드러졌다. 황토나 붉은 흙으로 색을 입히고 그 위에 기름을 바른 것도 걸작이었다. 종이를 꼬아 만들어 구멍이 숭숭 보이는 소반도 있다. 다쿠미의 책에 실린 사진은 종이소반을 비롯하여 31종이다.

소반의 접합부에는 대못이나 민어 부레로 만든 아교를 썼다고 한다. 다쿠미는 통영반을 만드는 순서도 기록해두었다. 그러면서 노련한 장인의 손놀림에서 "우리의 생활을 정화하고 분발하게 하는 불가사의한 힘을 느낄 수 있었다."[14]고 고백한다. 소반의 변천도 역사서를 인용하여 기술한다. 그의 마지막 말에 귀를 기울여보자.

피곤에 지쳐 있는 조선이여, 다른 사람의 흉내를 내기보다 지니고 있는 중요한 것을 잃어버리지 않는다면 머지않아 자신에 찬 날이 올 것이다. 이것은 공예에 국한된 것이 아니다. 1928년 3월 3일 청량리에서.[15]

14. 『조선의 소반 · 조선도자명고』, 38.
15. 『조선의 소반 · 조선도자명고』, 47.

다쿠미의 언사 속에 숨어있는 조선독립의 미래에 대한 예견을 놓치지 말라. 아직도 망우리 공동묘지에 묻혀 있는 그의 희망은 일찍이 실현되었다.

다쿠미의 도자기

다쿠미의 소반은 대부분 조선민족미술관에 소장되어 있었다. 1920년 5월 야나기가 조선에서 발원하고, 그해 12월 다쿠미가 치바에 살던 야나기를 찾아가 조선미술관 설립운동을 일으키기로 결정한 이래, 마침내 1924년 4월 경복궁 집경당에 미술관이 개관된다. 1922년 9월 야나기가 석굴암과 도자기에 대한 글을 모아 『조선과 그 예술』로 상재한 지 2년 후이자, 1923년 9월 관동대지진으로 조선인 6,000여 명이 살해된 지 1년 후다.

야나기는 다쿠미의 『조선도자명고朝鮮陶磁名考』의 서문을 쓰는데 이후 달포가 되지 않아 급성폐렴으로 다쿠미는 유명을 달리한다. 도자기와 관련된 여러 이름에 대한 저술이었다. 잘못된 명칭이 수정되고, 많은 어휘가 수집되어 문자화된다. 다쿠미가 모아놓은 우리말은 알파벳 발음이 적힌 약 300종의 어휘다. 나의 눈으로 보아도 거의 알 수 없는 말이다. 가마, (오줌/오즘)장군, 사기沙器, 사발, 소주고리쇼쥬ㅅ고리 정도가 귀에 익는다. 이렇게 그는 우리말의 역사에도 크게 기여하고 있다.

야나기에 따르면 『조선도자명고』의 원래 제목은 『이조도자명휘李朝陶磁名彙』였는데, 출판사의 요구로 조선으로 바뀌었다고 한다. 일반 독자에게 친숙하게 보이고자 함이었지만, 여기서 말하는 조선은 조선시대에 국한하여 연구된 것임을 밝히고 있다. 5, 6년 동안 각지를 여행하면서 노인들에게 들어가며 바로 잡고, 그림도 직접 그렸다. 장정은 야나기가 책임을 맡았지만, 저자 자신이 경성에서 주문한 순조선 종이에 식물염료를 쓴 것이다. 이렇게 이 둘의 조선에 대한 애정과 집착이 이 한 권에 모아진다. 이문리서울 이문동 언덕에 묻힌 그를 애도하면서 야나기는 발문을 마무리한다.

이 책이 다루는 것이 박물관에서 볼 수 있는 도자기에 국한한다고 생각하면 큰 오산이다. 이 책에는 항아리를 비롯해서 소주고리, 부항단지, 먹통, 떡살도 그려져 있다. 그림에는 등, 촛대, 화병, 화분, 화로, 풍로, 도침도자기 베개, 요강, 타구, 재떨이, 담배함, 그리고 태극무늬가 그려져 있는 담배통 받침도 있다.

조선민족미술관은 당연한 일로서 기물 본래의 명칭을 찾아내고 그것을 전해야 한다. 일본의 다인들이 미칠 듯이 좋아하는 아름다운 찻잔은 조선인이 늘 사용해오던 밥그릇 중에서 선택되었다. 일본의 명공名工들조차도 그 앞에서 자신의 능력 부족을 탄식했을 정도로 우수한 엽차 그릇도 원류를 찾아보면 당시 흔히 볼 수 있는 양념항아리에서 나왔다는 점(이다).[16]

10년간 주의를 기울여 배운 도자기의 명칭이지만, '난데없이 불쑥 뛰어든 일본인'이라서 부정확할까 염려하면서도 안 그러면 사라질 형편이라 한데 모아둔다고 다쿠미는 밝힌다. 그가 다루는 영역은 제례기, 식기, 문방구, 화장용구, 실내용구, 도구, 옹기항아리와 같은 용기를 모두 포함한다. 철화파초문항아리, 석간주항아리, 철화분청술병도

---

16. 『조선의 소반 · 조선도자명고』, 93.

사진을 찍어두었으며, 건축용 도기기와와 벽돌 그리고 장식재도 소개한다. 잡구로는 악기나 담뱃대가 있다. 가마터의 인적 구성522명에 달하는 경우도 있었다. 형태, 도구, 원료, 심지어 도자기의 세부명칭과 세는 방법까지 적어놓았다.

다쿠미의 묘는 1942년 이문리에서 망우리로 이장되고, 점차 훼손된 이후 1964년 한국임업시험장의 뜻있는 사람에 의해 수복修復되며, 마침내 1966년 한국임업시험장 직원 일동으로 공덕비가 세워진다. 지금의 기념비는 1994년에 세워진 것이다. "한국의 산과 민예를 사랑하고 한국인의 마음속에 살다간 일본인……."

다쿠미의 일기

내가 당시 조선에 매료된 일본인에 대한 평가를 좋은 방향으로만 몰고 가고 있는가? 나는 아니라고 생각한다. 이는 오랜 생각의 결과다. 1996년에 공개된 다쿠미의 일기를 보자.

> 산 위에서 바라본 경복궁 내의 신축청사는 정말로 어이가 없어 화가 난다. 백악이나 근정전이나 경회루나 광화문 사이에 고집스럽게 비집고 들어서 있는 것은 너무나 뻔뻔해 보인다. (…) 백악산이 있는 한 영구히 일본인의 수치를 드러내고 있는 것처럼 보인다. 조선신사도 영구히 일본과 조선민족의 융화를 도모하기는커녕 오히려 이것들이 문제가 될 것이다.[17]

---

17. 다카사키 소지(2014), 『조선의 흙이 된 일본인』.

1922년 6월 4일의 일기다. 경복궁을 가로막고 들어서는 총독부는 1916년에 착공하여 1925년에 완공되었으니 거의 뼈대를 갖추었을 때다. 아무리 그가 감리교도라고 하더라도 다쿠미가 걱정하는 것은 일본과 조선의 반목이었다. 이제는 철거되어 상단부만 독립기념관에 남아있는 총독부, 그것은 그에게 일본인의 수치로 보였다.

일기가 공개된 사연은 이렇다. 해방되던 해 9월 하순 33세의 김성진은 급고당汲古堂이라는 골동품점에서 다쿠미의 형 노리타카를 만나고 다음날 집으로 방문하였는데 그는 조선인 거주지역漢井洞의 조선식 집에 살고 있었다. 김성진이 도자기 소장품 가운데 십각면 제기를 2,000엔에 구입하자 노리타카는 작은 도자기 2점을 더 주었고, 집을 나서는 그에게 다쿠미의 원고지 묶음과 데드 마스크를 건넸다. 김성진은 피난생활 중에도 이를 보관하다 다쿠미의 고향 호쿠토시에 1996년 2월 말에 기증한다. 이런 사실은 이병진(2008)의 논문에서 확인된다.

다쿠미에 대한 연구서는 위에서 소개한 일기를 정리한 다카사키 소지의 『조선의 흙이 된 일본인』(1982/1996)이 대표적이다. 최근까지의 연구 성과를 정리한 민덕기(2020)의 글도 있다.

다쿠미의 업적은 민둥산 조림에 맞는 참싸리 품종을 찾아내고, 잣나무 자연발아법조선 오엽송 노천매장 발아촉진법을 개발하고, 광릉수목원의 설치에 기여하는 등 임업 쪽에서는 잘 알려져 있다. 노천매장법은 잣나무 발아에 2년 걸리던 것을 1년으로 단축한 것인데, 전하는 이야기로는 같이 일하는 조선인 일꾼이 그냥 땅에 떨어진 씨앗이 빨리 싹을 틔운다는 이야기를 듣고 다쿠미가 개발한 것이라 한다.

야나기의 얼굴

다쿠미는 삶도 그렇고, 수집한 것도 그렇고, 문장도 그래서 큰 논란이 없다. 그러나 야나기로 나가면 논란이 적지 않다.

나도 야나기를 의심하지 않았던 것은 아니다. 초창기 나도 적지 않은 사람들의 야나기에 대한 비판을 접하고 상당히 휩쓸렸다. 야나기를 식민정책의 옹호자로 보지는 않더라도 강자의 동정심에서 발원한 조선에 대한 연민으로 평가하는 것에 골머리를 앓았다. 그가 과연 그랬을까? 아주 구체적으로 조선의 독립에 대해 어떻게 생각했을까? 그는 직접적으로 '독립'이라는 말을 쓴다.

> 우리와 이웃의 사시(四時)에 영원한 평화를 구하려고 한다면, 우리들의 마음을 사랑으로 깨끗하게 하고 동정으로 따뜻하게 하는 것밖에는 달리 길이 없다. 그러나 일본은 불행하게도 칼을 휘두르고 욕설을 퍼부었다. (…) 조선의 온 백성이 뼈에 사무치도록 느끼는 것은 끝없는 원한이며 반항이며 증오나, 그리고 분리다. 따라서 독립이 그들의 이상이 되는 것은 필연적인 결과일 것이다. 그들이 일본을 사랑할 수 없다는 것은 사연스러운 일이며, 일본을 존대할 수 있다는 것은 오히려 예외다.[18]

18. 『조선인을 생각한다』, 165. 야나기 무네요시 전집 가운데 제6권이 조선과 관련된 것으로 1981년 1월 10일 초판이 발행(筑摩書房)된다. 제6권의 맨 앞을 차지하는 『조선과 그 예술』은 1922년 단행본으로 발간(叢文閣)된 이후, 몇 편의 글이 추가되어 1954년 동경 일본민예협회에서 간행되었다. 이는 다시 선집 제4권으로 간행(春秋社)되기도 한다. 1934년까지 쓴 조선 관련 글은 다카사키 소지에 의해 『조선을 생각한다』(筑摩書房, 1984)로 편집되었다. 전집에는 일본어로 쓴 것이 한국의 매체에 실린 것도 있으며, 한국어로 된 것을 번역한 것(다카사키 소지 번역)도 있다. 『조선과 그 예술』은 곳곳에서 같거나 비슷한 제목으로 (발췌)번역되어 8종가량 되는데, 최근판으로 이길진 역의 『조선과 그 예술』(신구문화사, 1994)이

이 글은 「조선인을 생각한다」는 제목으로 3.1운동 직후인 5월 11일에 쓰인 것이다. 그리고 1919년 5월 20~24일 요미우리신문에 실린다. 이 글은 대부분이 영역되어 일본의 영자신문 〈재팬 애드버타이저 The Japan advertiser〉(1919.8.13)에 실린다. 우리말로는 1년이 지나 〈동아일보〉(1920.4.12~)부터 실린다. 야나기는 3.1운동을 바라보면 무엇이라도 해야겠다고 생각했다.

경성을 중심으로 하여 조선 각지에서 일어난 이른바 3.1운동에 대하여, 아무도 불행한 조선의 국민들을 공적으로 변호하는 사람이 없는 것을 보고 서둘러 쓴 글이다. 이것은 내가 조선에 관하여 쓴 최초의 글이었다.[19]

바로 위의 글은 세월이 지나 글 끝에 부기된 것이다. 번역본에 따라 '이른바 3.1운동'이라 했지만 원문에는 '이른바 소요사건'으로 표기되어 있다. '조선의 국민들'도 원래 '조선의 사람들'이다.

야나기는 이렇게 3.1운동에 대해 확실하게 의견을 표현한다. 일본인에게도, 조선인에게도, 세계인에게도 그 의미를 공표했다. 누군가는 해주어야겠다는 사명감에 글을 쓴다. 야나기의 부기는 아마도

있다. 아울러 심우성이 번역한 『조선을 생각한다』(학고재, 1996)가 있는데, 우리말로 된 위의 두 권은 야나기에 직접적으로 접근할 수 있는 좋은 길이다. 미리 말해두는데, 야나기에 대한 우리말 연구서로 만일 한 권만을 추천한다면, 이인범, 『조선예술과 야나기 무네요시』(시공사, 1999)를 꼽고 싶다. 한국의 문학계와의 관련을 비롯한 근래의 연구 성과를 모은 것으로는, 가토 리에, 권석영, 이병진 외, 『야나기 무네요시와 한국』(소명, 2012)이 완전하다. 그런데 야나기의 전체적인 사상을 이해하기 위해서는 나카미 마리, 『야나기 무네요시 평전』(소명, 2005)을 추천한다. 이 글의 번역 문장과 쪽수는 대체로 박재삼의 『조선과 예술』(국민문고, 1969 / 범우사, 1989)에 따르지만 제목은 『조선과 그 예술』로 통일한다.
19. 『조선과 그 예술』, 165.

1922년 출판할 때 붙인 것으로 보인다. 그 책의 처음 제목은 『조선을 생각한다』였는데 출판사에서 『조선과 그 예술』로 바꾸자고 했다고 한다. 이처럼 야나기는 조선의 예술보다는 조선 자체에 대한 걱정이 앞섰다. 서문에서 일본인들에게 고한다.

> 일본의 동포여, 검으로 일어난 자는 검으로 망한다고 그리스도는 말했다. 옳고도 옳은 말이다. 군국주의를 빨리 버리자. (…) 스스로의 자유를 존중한다면 아울러 타인의 자유도 존중하자. 만일 이 인륜을 짓밟는다면 세계는 일본의 적이 될 것이다.[20]

야나기는 군국주의에 철저하게 반대한다. 당시의 정치적인 분위기 속에서 책의 서문에 이렇게 쓴다는 것은 쉽지 않았을 것이다. 게다가 바로 그해 8월 24일부터 28일까지 광화문 철거를 반대하는 글을 〈동아일보〉에 게재하지 않는가. 글을 쓴 것은 7월 4일 동경에서다. 그 글이 '장차 잃게 될 조선의 한 건축에 대하여'라는 제목을 달고 책으로 나온 것이다. 철거되어서는 안 되는 이유를 새롭게 밝힐 때마다 처음에 광화문을 불러 흔히 '아, 광화문이여'로 알려진 글이다.

3.1운동과 광화문 철거처럼 조선의 큰 이슈마다 조선 편에 선 야나기다. 그의 윤리적 자세는 분명하다. 스스로 자유롭고 싶으면 남도 자유롭게 해라. '너의 준칙이 보편적 입법이 되도록 행위(의도)하라'는 칸트를 떠올릴 필요도 없다. 그것은 오래된 동양의 윤리적 권고인 '남과 나의 처지를 바꾸어 생각하라'는 역지사지易地思之의 원리다. 공자도 말하지 않았던가. '네가 하기 싫은 일은 남에게도 시키지 말라'고. 야

---

20. 『야나기 전집』 6, 21.

나기는 광화문을 목 놓아 부르게 된 까닭을 앞에 붙인다.

그러나 아직도 이 제목이 독자에게 확실하게 다가서지 못한다면, 부디 다음과 같은 상상을 떠올려보기 바란다. 조선이 발흥하고 일본이 쇠퇴하여, 마침내 일본이 조선에 병합되어 궁성이 폐허가 되고 대신 그 위치에 큰 서양풍의 일본총독부 건축이 세워지고 저 푸른 해자壕 너머 멀리 보이는 하얀 벽의 에도 성이 헐리는 광경을 상상해주기 바란다.[21]

'조선총독부'가 아니라 '일본총독부'다. 누가 이렇게 암팡진 말을 하겠는가. 제국주의와 군국주의 시절이었다. 너의 성이 헐리는 것을 바라지 않듯이, 광화문을 헐려고 하지 마라. 너의 자유가 너의 준칙이라면 남에게도 적용되는 보편적인 입법이 될 수 있도록 의도하고, 의식하고, 사고하라.

야나기는 「조선을 생각한다」는 3.1운동에 관한 글로 이 글로 인해 일본 관원의 사찰을 받았다고 1954년에 밝히고 있다.

그 중에 '광화문'에 관한 글이 있다. 나는 일본인의 손으로 무너지려는 그 박명의 문을 위해서, 그 당시 『개조改造』에 항의문을 발표했던 것이다. 나도 오랜 문필 생활을 해온 터이지만, 그 글만은 공적인 구실을 다하였다. 다행히 한국어역도 영역도 계속 나와 여론이 환기되었고, 드디어 광화문은 파괴의 불행만은 면하고 다른 곳으로 이건되기에 이르렀다. 그러나 그 때문에 나는 위험한 인물로 낙인 찍혀 한때는 형사의 미행을 받는 몸이 되었다. 그러나 한국인의 감사는 나의 부자유를 보상하

21. 『야나기 전집』 6, 145.

는 충분한 보수였다.[22]

만일 야나기가 3.1운동 이후 조선인의 감정을 누그러뜨리기 위해서 이 글을 썼다면, 어떤 이유에서든 글을 쓰는 데 모종의 방식으로 동원되었다면, 글을 쓰는 효용이 정작 총독부의 무리를 덮는 것이었다면 과연 형사가 미행하는 일이 벌어졌을까. 아니, 스스로 위험한 인물이 되었다는 고백을 할 수 있을까. 야나기는 이렇게 조선의 독립을 말한다.

조선의 벗이여, 당신들은 민족의 독립을 변화하는 정치에서 구하고 있다. 그러나 조선의 불변하는 독립이 그 예술에서 이루어졌다고 생각하지는 않는가.[23]

이를 예술에서만 독립하고 정치에서는 독립하지 말라는 이야기로 받아들이는 것은 정말로 지나치다. 정치에서도 독립을 이루고자 하지만 이미 예술에서는 독립을 이룬 그대들이라는 찬양이다.

소리 없는 재 속에는 아직 타오르는 불이 남아 있다. 바라건대 그것으로 마음의 등불을 켜라. 그리하여 일찍이 옛사람이 한 것처럼 그 민족의 예술로 돌아가라. 조국의 운명을 유구하게 하는 힘은 예술에 있다고 절실히 믿어라. 망하지 않은 힘은 아름다움에 있다고 절실히 느껴라. 검은 약하고 미는 강하다. 이 보편적 원리는 모든 민족이 깊게 믿지 않으면 안 된다.[24]

---

22. 『조선과 그 예술』, 12~13.
23. 『야나기 전집』 6, 109.
24. 『야나기 전집』 6, 109.

1922년 1월(5월 가필) 「조선의 미술」을 논하고 마무리하면서 쓴 위의 글을 보며 야나기가 식민지 통치를 정당화하려 했다고 읽는다면 나와 는 읽는 방법이 정말 다르다. 예술로 돌아가 독립을 꿈꾸라는 말로 읽 어야 마땅하지 않는가. 나는 야나기로부터 두 얼굴을 찾지 못한다. 그 는 한 얼굴이었다.

일본의 침략

야나기는 다음과 같이 말한다.

> 역사가들은 흔히 '조선정벌'을 한 나라의 용감한 기록인 것처럼 말하고 있지만, 그것은 오직 고대의 무사가 그들의 정복욕을 채우기 위하여 명 분 없이 계획한 죄 많은 행동이었다. 나는 이러한 원정을 일국의 명예로 운 이야기라고 생각하지 않는다.[25]

야나기는 중국으로부터 받아들인 조선의 종교와 예술을 파괴한 것 은 일본의 무사였다고 고백한다. 심지어 '왜구倭寇'라는 말을 쓰면서 조 선의 고예술 곧 건축과 미술품을 대부분 부수어버린 것이 그들이라고 말한다.

일본인이 존경하는 노기 마레스케乃木希典. 메이지 일왕 장례 때 부인과 함께 할복자살의 의리를 내세우면서 조선인의 반항심을 욕하는 것은 모순이 아닐 수 없다. 우리 일본인이 조선인이라면, 그리고 그 일본인이 의분

---

25. 『야나기 전집』 6, 25.

義憤을 잘 느낀다면, 가장 먼저 폭동을 꾀할 것이다. 남이라서 폭동이라고 욕하는 것은 모순에 가득 찬 추하고 어리석은 옹졸한 마음에 지나지 않는다. 폭력도 안 되지만, 압제도 안 된다. 입을 틀어막지 마라.

야나기가 3.1운동의 정체를 잘 알고 있다고 생각하지는 않는다. 그 운동이 꾀하고 있는 평화시위의 이념을 제대로 보고 있는 것 같지는 않다. 그래서 '이러한 반항을 현명한 길이라고, 또는 칭찬해야 할 태도라고 생각하고 있지 않다'고 한다. 이것이 문제가 되는 구절이다. 그럼에도 그는 3.1운동을 폭동으로 매도하는 것은 옳지 않다고 분명히 한다. 왜구에 용감하게 저항한 사람들이 조선의 옛날이야기 속에 나오는 의사이고 충신이고 열녀임을 잊지 말아야 한다는 것이다.

야나기는 「일본과 조선 문제의 곤란에 대하여」라는 글에서 '탐욕스러운 일본의 상인'을 비난하고 '군국주의'에 반대한다. 여기서 야나기의 초지일관한 도덕주의가 나온다. 도덕에 정치를 종속시키려는 용기를 갖고 있지 못한 것이 문제다. 다른 것은 오히려 지엽적인 것이다. '어떠한 경우에도 도덕을 왕위에 올리려는 용기'를 지니고 있지 않은 것에서부터 일체의 곤란이 나온다. 자기를 편리하게 옹호하는 도덕은 도덕이 아니며, 개인마다의 도덕을 무시하지 않아야 도덕다워진다.

공맹의 도덕

일본이 침략당한다고 가정해보자. 어떻게 하겠는가? 야나기는 이를 묻고 또 묻는다. 도덕이란 이런 물음부터 시작해야 한다. 일본의 대유학자인 야마자키 안사이山崎闇齋(1618~1682)는 제자들에게 이렇게 묻고 주저하는 제자들에게 스스로 답했다.

만약에 공자를 대장으로 맹자를 부장으로 삼아 일본을 공격해온다면 어떻게 할 것인가? 제자들이 머뭇거리자 선생은 일본을 공격하는 자는 그가 공자이든 맹자이든 격퇴할 것이다. 이것이 공맹의 도다.[26]

야나기는 안사이의 유명한 이 말을 어릴 때 선생님께 들었다면서, 이를 조선에 적용한다면 조선은 반드시 일본을 격퇴해야 할 것이라고 말한다. 그것이 「일본과 조선 문제의 곤란에 대하여」에서 주장하는 도덕률이다. 만일 조선에 쓰이지 않고 일본에만 쓰인다면 그것은 보편적의 의미를 지니지 못한 협소한 이기적인 가르침이 되어버린다. 일본에만 적용되고 조선에는 적용되지 않는다면 그것은 딜레마에 빠지고 만다.

이런 원칙은 교육에도 적용된다. 야나기는 인도인과 나누었던 식민지 교육에 대한 대화를 소개한다. 줄이면 이렇다.

인도인: 영국정부는 인도에 우수한 대학을 설치하여 보편교육의 기회를 마련하였고 무지에 머물던 인도인들이 고등의 학문을 받을 수 있게 되었는데 조선은 어떻습니까?

야나기: 그 정반대입니다. 총독부는 보통교육을 가급적 실시하려는 노력을 하지만 지금까지 하나의 고등학교나 대학도 만드는 것을 허락하지 않았습니다. 다만 두서너 개의 전문학교가 있고 중학중고등학교도 4년 정도에 마칩니다.

인도인: (분노의 기색을 띠며) 피정복자를 바보로 만들고 싶어 하는 것입니다.

---

26. 『야나기 전집』 6, 229.

야나기: 최근에 조선에서 고등교육기관의 설치가 허가된다고 발표되었고, 중학의 직제도 개선된다고 합니다. 나는 이것이 실현되는 날을 기다리고 있습니다.

인도인: 그것이 합리적입니다.

야나기: 교육기관보다 더 큰 문제는 교육방침입니다. 언젠가 조선인이 나에게 묻더군요. '일본은 일본인을 위해 조선인을 교육을 합니까, 조선인을 위해 조선인을 교육합니까?'라고요.

이 질문으로 야나기는 생각이 많아졌고, 인도인은 이 질문은 통렬한 질문이라고 말한다. 그러고는 둘 다 잠시 이야기를 멈춘다.

「조선에서의 교육에 대해」(1923.10)라는 이 글의 결론은 이렇다. 『조선과 그 예술』이라는 책이 나온 다음해에 쓴 글이다.

교육은 일본인을 위해 실시하는 것도 아니고, 조선인을 위해 실시하는 것도 아니다. 인간을 위해 교육한다.[27]

교육은 언제나 보편적 원리 위에 세워져야 한다. 이것이 야나기의 교육관이다. 총독부의 우민정책은 잘못된 것이다. 그런 그가 총독부에 반발하는 조선인을 무마하기 위해 「조선민족미술관」을 세우고 조선민족미술전람회를 열었다는 것은 지나친 평가가 아닌가.

27. 『야나기 전집』6, 239.

무정부주의

우리가 알아야 할 당시의 사상적 분위기가 있다. 그것은 무정부주의로 흔히 테러리스트로 알고 있는 아나키스트다. 번역이 무정부주의라서 마치 모든 체제를 부정하고 온갖 질서를 파괴하는 사상으로 오해하는데때로 급진주의자들이 그러기도 했다, 아나키스트는 외려 그 정반대로 평화주의자들이다. 톨스토이를 떠올리면 된다. 그야말로 평화주의자이며 무교회주의자, 나아가 비폭력 저항의 아버지인 톨스토이가 바로 농민적 아나키스트를 대표한다. 그는 시민불복종을 주장한 월든 숲의 소로우로부터 감명을 받고, 대신 간디에게 비폭력 평화 시위라는 과제를 넘겨준다. 간디는 톨스토이의 이름을 딴 공동체를 만들기도 한다.

당시 일본은 이런 사상의 용광로였다. 하다못해 중국에서 온 혁명가들은 이런 일본의 분위기에 매료되어 이후 중국의 새로운 사회를 꿈꾸기도 한다. 한국에서는 신채호와 박열이 무정부주의 계열에 속한다.

1910년 고토쿠 슈스이幸德秋水가 일왕 암살을 기도한 이른바 '대역 사건'이 벌어진다. 1900년 초까지도 그는 스스로 사회주의자임을 자처하고 관련 저작도 많이 내놓는다. 그러다가 정부를 비판하는 글 때문에 5개월간 수형 생활을 할 때 미국의 존 앨버트 존슨John Albert Johnson(1861~1909), 미국의 정치가이 보내준 무정부주의자인 크로포트킨의 『전원, 공장, 작업장』을 읽고 급진적인 무정부주의자로 돌아선다. 제국주의에 대한 비판과 반전론이 조금도 먹혀들어가지 않자 사상적 전환을 선택한다. 게다가 미국에 머물던 시절 샌프란시스코 대지진 때 시민들이 보여준 자율적인 질서의 유지를 보며 아나키즘에 대한 확신을 갖게 된다.

여기서 우리의 개념적 혼란이 역사적 경험을 통해 벌어진다. 고토쿠 슈스이와 같은 일왕 암살에 적극적인 사람들이 가진 사상이 곧 무정부주의로 받아들여지게 된다. 그러나 그러한 무정부주의는 오히려 사회주의에 가깝지 앞에서 말한 톨스토이 류의 무정부주의와는 거리가 멀다. 이처럼 폭력적 무정부주의는 일본의 최고 권위를 없애려 했다는 점에서 용서받지 못하는 사상이 되어 버린다.

무정부주의의 두 원칙은 첫째, 하늘에도 어떤 절대권력이 없고, 둘째, 땅위에도 어떤 절대권력이 없다는 것이다. 절대권력은 폭력적일 수밖에 없기 때문이다. 이것이 무정부주의다.

일본의 무정부주의자들이 일왕 암살을 꾀한 것은 참으로 우습게도 '일왕이 신이 아니라 사람이라는 것을 보여주기 위해서'였다. 패전으로 인한 항복 선언이 '일왕은 사람이다'라는 말과 등치되는 일본이라는 나라임을 떠올리면 쉽게 이해가 간다. 아울러 1867년 메이지유신의 정치적 신화를 마련하기 위해 만들어진 일왕이 만세일계萬世一系라는 주장을 아직까지도 꺾지 않는 나라가 일본이다.

평화주의

여기서 야나기를 17년 동안 연구한 국제 관계 사상사 연구자의 이야기를 들어볼 필요가 있다. 전쟁과 평화 문제에 대한 관심은 '참된 힘을 지닌 평화론'이 무엇인지에 대한 관심으로 이어졌고, 결국 야나기로부터 영감을 얻은 나카미 마리의 매우 소상한 평전(2003)이다. 그는 야나기의 아들인 일본민예관장 무네미치의 배려로 1986년부터 '야나기소장서'와 발간되지 않은 일기도 열람한 바 있다. 평전은 야나기의 친필 메모와 밑줄까지도 알려준다.

여기서 소년 야나기를 옮기고 싶지는 않다. 어린 나이의 작문에 국가주의는 주입된 정답이기 때문이다. '야마토혼'을 찬양하고 '대일본제국'에 발분하고 '아시아의 주권'을 장악하고자 하는 어린 야나기의 철없음은 안타깝지만 넘어가자. 그런데 1905년 만 16세부터 전사한 병사와 그들의 가족에 대한 연민을 보이면서 군국주의에 대해 회의적인 글이 나오기 시작한다.

이는 당시의 많은 문인들이 초기에는 주전主戰론에 동의하다 비전非戰론으로 전향하게 된 것과 궤를 같이한다. 그들과는 나중에 1910년 4월에 창간되는 『시라카바白樺, 자작나무』의 동인으로 어울리게 된다. 대표적인 인물이 무샤노코지 사네아쓰武者小路実篤(1885~1976)와 시가 나오야志賀直哉(1883~1971)이다. 1889년생 야나기보다 대여섯 살 위의 작가들인데 함께 『시라카바』를 창간하여 활약한다.

당시는 우리의 김교신과 함석헌에게도 영향을 끼친 무교회주의자이자 비전론자인 우치무라 간조内村鑑三(1861~1930)의 사상이 자리를 잡았을 때다. 그는 '신 뒤에 숨지 않는 기독교인'이라는 표어로 유명하다. 일본 내에서 반전의 분위기가 고조에 오르고 있었다. 물론 그 사상적 배경에는 톨스토이가 자리한다.

야나기가 언제 톨스토이의 저작을 처음으로 접하였는지는 분명하지 않다. 그러나 1904년 11월 중순에는 도쿠토미 로카[28]의 저서 『톨스토이』를 읽고 있었고, 1911년부터 1913년 말까지 가네코에게 보낸 편지에서 이 무렵 톨스토이 책을 열심히 읽고 톨스토이 가정의 바람직한 모습

---

28. 도쿠토미 로카(德富蘆花, 1868~1927)는 일본주의를 주장하여 마침내 A급 전범이 된 도쿠토미 소호우(蘇峰)의 아우로 일찍이 기독교 신자가 된 작가인데, 1906년 예루살렘 순례를 하고 톨스토이를 방문했다.

을 화제로 삼았음을 알 수 있다.[29]

무샤노코지도 톨스토이에 심취하였고, 시가도 우치무라에 동조했다. 야나기는 톨스토이가 적국이 아니라 자기 나라를 상대로 싸움을 걸고 개인이 국가보다 위대함을 보여준 것에 감명한다.

톨스토이의 「너희는 무엇을 해야 하는가」에서 '신은 사람을 죽이지 말라고 가르친다. 국가는 사람을 죽이라고 명령한다. 너희는 어느 명령을 따를 것인가'라는 말을 접했을 때에는 '아연질색하고', '떨리고', '전쟁'이 '정신수양을 위해서라고 말하는 훈계 따위가 얼마나 공허하게 들렸던가'라고 적고 있다.[30]

무샤노코지는 1916년 3월부터 11월 동안 『사라카바』에 연재한 「어떤 청년의 꿈」에서 '국민은 전쟁을 하는 것을 자랑하지 말고, 전쟁을 하지 않는 것을 자랑하라', '인류의 입장에서 대상을 보라', '조선에 대한 J국의 태도도 도기 지나치다', '속국으로 망하게 하는 것에 반감을 느낀다'는 강한 반전의 태도를 보인다. 야나기도 이런 주장에 동조한다.

이같이 시라카바파적이라고도 할 수 있는 야나기의 반전 감정은 제1차 세계대전기에 점차 야나기의 독자적인 평화 사상으로 질적인 전환을 했다.[31]

---

29. 『야나기 무네요시 평전』, 나카미 마리(中見眞理, 2003) 지음, 김순희 옮김, (효형출판, 2005), 244. 이하 나카미(2003), 『평전』.
30. 나카미(2003), 『평전』, 245.
31. 나카미(2003), 『평전』, 250.

일본에 4년 동안 머물던 영국의 저널리스트인 J. W. 로버트 스콧이 "영국은 독일의 폭력을 단속하는 만국경찰의 임무를 담당한다."고 주장하자 야나기는 강하게 반발한다. 야나기의 입장은 "독일이 정당하다는 논거는 없지만, 그렇다고 영국이 완전히 정당하다고도 결론을 낼 수 없다."는 것이었다. 그것은 모든 전쟁은 부정되어야 한다는 생각이었으며 '소극적 저항'의 관점이었다. 그에게 그런 논리적 근거를 제공해준 것은 퀘이커 교도의 삶을 정리한 토머스 존의 『존 울먼, 그의 생애와 우리의 시대』와, 버트란트 러셀Bertrand Russell(1872~1970)이 쓴 『전쟁 기간의 정의Justice in War-Time』(1916)였다.

실제 야나기는 이 책의 '전쟁과 비저항'이라는 제목을 단 장의 마지막 쪽에서 '수동적 저항무저항이 아니라, 불복종doctrine of passive resistance(not non-resistance), doctrine of non-obedience'이라고 적어 넣고 있고, 소극적 저항에 대해 러셀의 책을 읽으면서 했던 생각을 심화시켰던 것이 분명하다. 그리고 야나기의 이 삽입은 당시 일본에서 '무저항주의'라고 번역되어 단순히 아무것도 안 하는 것이라고 간주되기 쉬웠던 소극적 저항을 전혀 저항하지 않는 것이 아닌 것, 즉 그것은 비폭력적인 방법에 의한 '불복종' 혹은 '저항'을 의미하는 것이라는 것을 야나기가 정확히 파악하고 있었음을 보여주고 있다.[32]

야나기는 3.1운동 당시의 제암리 학살에 대해서도 러시아인과 일본인의 대화를 통해 비난하고 있다. 러시아인이 저지른 말레이시아 항구의 잔인한 행위를 일본인이 힐책하자, 러시아인의 입을 통해 일본

---

32. 나카미(2003), 『평전』, 258.

인이 저지른 제암리 학살 사건을 질타한다.

> 당신들도 똑같은 일을 ○○에서 ○○ 사람들에게 한 것이 아닙니까. 그때
> 50~60명의 ○○ 사람을 교회당에 가두고 불을 지펴 창밖으로 나오는
> 자는 찔러 죽인 것을 뭐라고 변명하실 겁니까.[33]

3.1운동 직후 1920년대에 조선을 열네 차례나 방문한 야나기다. 1916년 석굴암을 방문한 이래 조선에 대한 지속적인 관심이 현실화된 결과다. 야나기가 조선인들에게 '무장투쟁'을 하지 말라고 한 것이 그에 대한 비판의 결정적인 고리인데, 만일 이렇게 어떠한 형태의 무력 행사도 반대했다면 이제 그 고리도 풀릴 수 있는 것이 아닐까. 태평양 전쟁 이후 야나기는 실제로도 비폭력 저항운동의 표본인 간디를 높이 산다.

집인

야나기가 의심받는 이유 가운데 하나가 집안 때문이다. 아버지 나라 요시는 해군 소장 출신으로 그가 태어난 다음해 귀족원 의원이 되었으나 이듬해 사망한다. 그 덕분인지 아닌지는 몰라도 야나기는 징병 검사에서 불합격된다. 그러나 야나기는 군인 생활을 우스꽝스러운 일이라고 단정했다. 징병 검사에서 불합격이 된 바로 그날, 다음해에 아내가 되는 가네코에게 기뻐해 달라고 편지를 쓸 정도다. 1913년 7월

---

33. 야나기(1920), 「적화(赤化)에 대하여」, 나카미(2003), 『평전』, 260에서 재인용.

제3장 **조선의 예술은 인류의 비극을 담는다** 127
— 야나기 무네요시: 민예의 발견

1일 철학과를 졸업한 직후의 일(7.23)이다. 야나기의 여동생의 남편이 조선총독부에 근무한 것도 사실이다. 여동생 지에코가 1912년 조선총독부 사무관 이마무라 다케시와 결혼하여 경성에 살게 된다.

이런 집안 관계를 조사한 것은 기자 출신의 작가 정일성이 쓴 『야나기 무네요시의 두 얼굴』(2007)이다. 줄이면 이렇다.

아버지 나라요시

해군 소장. 1872년 일본 병부성 해군부 수로국 초대국장. 1875년 운요호 사건문화개방을 요구하며 강화도 침범 때 수로국 책임자.

누나 스에코

1903년 결혼한 남편 가코 모코시로가 1904년 2월 인천 주재 일본총영사로 발령. 인천에 거주하다 남편 급사. 1913년 해군성 무관 다니구치 나오미와 재혼. 1933년 다니구치는 해군 대장으로 승진한 후 퇴역.

누이동생 지에코

(1909년 이마무라 다케시가 한국통감부 이사청 사무관 겸 통감부 서기관 부임.) 1911년 지에코와 이마무라 결혼.『평전』에서는 1912년 10월로 나온다. 1921년 8월 4일 여섯 째 아기를 낳다가 죽음.[34]

과연 그렇다고 해서 야나기의 반전 평화사상이 부정될 수 있을까? 나는 아니라고 본다. 아무리 자신보다 먼저 죽은 지에코를 아꼈다고 해서, 해군 집안이라고 해서, 총독부 관료 집안이라고 해서 나름의 생

---

34. 정일성, 『야나기 무네요시의 두 얼굴』, 지식산업사, 2007, 40~41.

각이 없을까? 아닐 것이다. 아버지가 보수우파라고 해서 아들이 그럴 것이라는 추정은 맞을 수도 있지만, 당연히 맞지 않을 수도 있다. 그런 점에서 집안을 이유로 야나기를 의심하는 것은 결코 합당한 추론이 아니다. 의례짐작依例斟酌에 가깝다. 특히 야나기에 사상적 영향을 준 인물을 좇다 보면 더욱 그렇다는 것을 알 수 있다.

블레이크와 민중

나의 야나기에 대한 의심을 풀어준 사람이 바로 윌리엄 블레이크 William Blake(1757~1827)였다. 야나기가 블레이크의 영향을 받았다는 것은 익히 알고 있었지만 오히려 우리가 블레이크를 잘 몰랐다. 게다가 우리나라에서 블레이크는 지나치게 관념적으로 소개되고 있는 것이 큰 문제다. 그러나 블레이크가 산업혁명 당시 아이들에게 강요되는 노동에 분개하던 시인이자 판화가임을 알면 그란 인물에 쉽게 접근할 수 있다.

일반적으로 자주 인용되는 블레이크의 시〈순수의 전조〉는 이런 것이다.

한 알의 모래 속에서 세계를 보고	To see a World in a Grain of Sand
한 송이 들꽃에서 천국을 보라	And a Heaven in a Wild Flower
손바닥 안에 무한을 잡고	Hold Infinity in the palm of your hand
순간에서 영원을 잡아라	And Eternity in an hour

무한infinity과 영원eternity이라는 말을 아주 작은 존재들에게 적용시킨다. '순간'은 '찰나'로도 번역되지만 찰나는 불교용어이고, 본문은 '한 시간an hour'이니 잠시를 가리킨다.

그리하여 블레이크는 낭만주의 또는 신비주의로 분류된다. 블레이크가 신비적인 것은 맞다. 그러나 그가 낭만적이라는 데에는 이론의 여지가 많다. 만일 그 낭만이 가리키는 것이 질풍노도와 같은 격한 감정의 표현이라면 받아들일 수 있다. 그러나 그의 낭만이 목가적이고 서정적이라면 받아들이기 어렵다. 특히 우리의 서정이라는 표현이 '술 익는 마을'처럼 즐거운 것만을 가리킨다면 말이다.

그러나 블레이크가 말하는 감정은 격정적인 것이다. 위에 인용된 시의 바로 뒷 구절을 인용해 보자.

새장에 갇힌 한 마리 로빈 새는	A Robin Red breast in a Cage
천국을 온통 분노케 하며, (⋯)	Puts all Heaven in a Rage
주인집 문 앞에 굶주려 쓰러진 개는	A dog starv'd at his Master's Gate
한 나라의 멸망을 예고하기에.	Predicts the ruin of the State

블레이크의 관점은 '새장에 갇힌 한 마리 새에 천국이 분노하고, 굶어죽는 개 한 마리를 내버려두면 한 나라가 망한다'는 데 있다. 그런데 이를 바로 위의 구절의 낭만적인 선언에만 매달려서 보지 못한다. '한 알의 모래에 세계가 있고, 한 송이 들꽃에서 천국을 보는 것'은 보편성의 문제이기 때문에 구체적인 아픔이나 슬픔에 들어가지 않는다. 게다가 심각하게 나가면 '손바닥 안에 무한이 있고 순간에서 영원으로 나가니' 작은 것에서도 무한을 느끼고 순간에서도 영원을 느끼라는 지독한 관념론으로 탈바꿈된다. 힘들어도 참고, 죽어도 죽는 것이 아니라는 식으로 말이다.

그러나 블레이크는 구체적인 예를 제시한다. 한 마리 새라도 새장 속에서 괴로워하면 천국이 분노하니 그들을 풀어주고, 굶어죽는 개 한 마리를 내버려두면 나라가 망할 징조이니 그들을 보살피라는 것이다. 그의 시 속에는 산업혁명으로 희생되는 농민과 노동자, 특히 어린 아이가 있었다. 나아가 천국과 무한을 보는 사람은 내 주위에서 추위에 떨고 배고픔에 괴로워하는 한 알의 모래 같고 한 송이 들꽃 같은 이들에게 눈을 돌리라는 것이다.

블레이크의 소재 가운데 하나는 바로 자본주의화되면서 도시에 넘쳐나는 버려진 아이들이다. 농민들은 농촌을 떠나 도시로 들어오지만 먹고살 일이 막막하여 마침내 아이들을 버린다. 기아棄兒들은 자선 학교에 수용되기도 하지만 굴뚝청소와 같은 잡일을 하는 데 이용된다. 몸집이 작으니 굴뚝에 들어가기 좋았고 어린 부랑아들은 업주의 숙식 제공에 만족해야 했다.

굴뚝청소부의 이름은 '톰'이었다. 톰 대커Tom Dacre다. 톰만 있었나. 딕, 조, 네드, 잭도 있었다. 톰은 몇천 명이나 되는 〈굴뚝청소부〉 가운데 하나다. 나는 톰의 양털 같은 머리가 면도칼로 밀리는 것을 바라본다. 머리카락은 굴뚝청소에 방해가 될 뿐이다.

> 네기 아주 어렸을 때 엄마가 죽자
> 아버지는 내 혀가 겨우 '구뚜, 구뚜, 구뚜, 구뚜욱'이라고 외칠 수 있을 때 팔아버렸네.
> 그래서 나는 그대들의 굴뚝을 청소하고 검댕 속에서 잠을 잤지.
>
> 어린 톰 대커가 있었네. 양털처럼 뭉쳐버린 머리카락이 밀릴 때 울었다네.
> 나는 말했지. '쉬쉬, 톰. 걱정하지 마. 까까머리여야지
> 검댕이 너의 하얀 머리카락을 망쳐놓지 않을 걸 알잖아.'

이것이 블레이크가 목도한 영국 산업혁명 당시의 현실이다. 그는 자선 학교가 없어야 더 좋은 사회임을 잘 알고 있었다. 노자의 말처럼

인의仁義가 사라지니 인의라는 윤리가 생김을 알고 있었기 때문에, 가난과 불행이 동정심과 자비심을 낳는다고 읊는다. 문제의 핵심은 자선charity이 아니라 인간을 상품화시키는 산업사회다. 블레이크가 말하듯 "새에게는 둥지가, 거미에게는 거미줄이, 사람에게는 우정이 있어야" 살아갈 수 있다.

블레이크의 천사는 "착한 아이가 되면 아빠 같은 하나님을 얻고 더 이상의 기쁨이 필요 없다"고 말하지만, 톰은 깨어 어둠 속에 일어나 가방과 솔을 챙겨 일하러가야 한다. 시에서 "아침이 추워도 톰은 행복하고 따뜻하다"고 말하는 것만을 보고 톰이 정말 그러리라 생각하면 블레이크의 의도를 정말 오해하는 것이다. 오히려 그렇게 말하는 톰을 더욱 불쌍하게 여기고, 나아가 천사의 말조차 이중적임을 깨달아야 한다. 블레이크의 후기 작품인 『천국과 지옥의 결혼The Marriage of Heaven and Hell』에서는 천사가 매우 수상쩍은 존재로 등장한다. 블레이크 전문가인 이종민의 주장이다. 천사가 현 상태를 유지하려는 기득권층의 입장을 대변해 주고 있다고 한다. 이 수상쩍은 천사의 말은 어린아이들의 고용주가 할 만한 말이고, 이 같은 매우 도덕주의적인 맺음말이 '아이러니컬한 독법을 강요한다'는 것이다. 흑인 아이에게 건네는 엄마의 위로조차 그렇다. 나는 그를 통해 보기 힘든 블레이크의 원본 시집과 판화를 볼 수 있었다.[35]

잊지 말아야 할 것은 블레이크의 런던이 대헌장Magna Carta(1215)과 같은 인권을 보장하는 헌장charters이 테임즈 강을 따라 흘러가는 곳이기만 한 것이 아니라, 나약함과 비통의 자국이 새겨진 어른과 아이가 넘쳐나는 도시였다는 것이다. 어린 굴뚝청소부는 울부짖고, 운 나쁜

---

35. 이종민, '변증법적 상상력—윌리엄 블레이크의 『순수와 경험의 노래』를 중심으로', 충북대 인문대학 특강, 2017.11.27.

군인은 한숨 쉬고, 젊은 창녀는 욕설을 내뱉는 '런던'이었다. 대헌장은 귀족을 위해서 작동되는 특권이었을 뿐, "야심한 밤거리에 들리는 갓 태어난 아이의 울음을 깨트리는 젊은 매춘부의 욕지거리"를 담아내지는 못했다.

노예의 삶을 사는 흑인소년에게 엄마는 "신의 사랑은 너무 뜨거워서 그 사랑을 살결이 검은 네가 백인보다 더 많이 받을 거야"라고 위로하지만, 그것이 거짓임은 누구나 안다. 하다못해 검은 피부를 가진 내가 하얀 피부를 가진 백인을 도와주어야 한다는 착각을 갖게 한다. 어린 아이의 이런 잘못된 우월감은 결국 불의에 항거하는 것이 아니라 순응하게 만든다.

우리는 블레이크를 너무 잘못 읽는다. 나도 그랬다. 특히 그의 에칭이 주는 신비한 분위기는 구원의 느낌밖에 주지 않았다. 우리나라에서도 전시된 적이 있지만 그를 이런 민중주의적 사상가로 보는 이는 없었다.

행여 그 당시 런던의 분위기가 떠오르지 않는 사람이라면 여러 번 영화로도 만들어진 찰스 디킨스(1812~1870)의 『올리버 트위스트』(1837~1838)를 떠올리기 바란다. 버려진 아이들의 삶은 블레이크 때나 디킨스 때나 별반 다를 것이 없었다. 블레이크 사후 10년 후의 상황이니 말이다.

블레이크가 읊조린 굴뚝청소부와 비슷한 우리나라 인물은 노동자를 대변하여 청계천에서 분신한 '아름다운 청년 전태일'이 아닐까 한다. 그리고 블레이크처럼 현실의 모순에 비분강개한 시인은 1983년 〈시다의 꿈〉으로 등단한 박노해가 아닐까 한다.

셋은 모두 불온不穩했다. 식민지 시대의 일본어로 말하면 모두 불령不逞했다. 불령 이기리스英國人 1명, 불령선인不逞鮮人 2명이다. 당시 대학에서 졸업논문으로 다루는 것을 일본인도 아닌 영국인 교수가 거절

했을 정도로 블레이크는 일본에서나 영국에서나 불온한 시인으로 취급되었다.[36]

야나기의 블레이크

스물다섯이던 야나기는 1914년 750여 쪽에 이르는 『윌리엄 블레이크, 그의 생애와 작품 및 사상』(洛陽堂)이라는 단행본을 출간한다. 그리고 그의 작품을 모아 1919년에는 그의 복제판화 전람회를 연다.

야나기는 1909년부터 1920년까지 일본에 머물던 버나드 리치 Bernard Leach(1887~1979)로부터 블레이크의 시집을 빌려볼 뿐만이 아니라 그가 창안했다고 알려지는 볼록에칭 제작방법을 배웠다. 리치는 야나기보다 두 살 위로 둘 다 혈기왕성할 때다.

블레이크의 대명제 "모든 존재는 신성하며, 미를 통해 출현하는 진리가 있다"는 것을 그 둘이 받아들인 결과다. 야나기는 블레이크의 사상을 책에서 상세히 소개한다. 스스로도 작가였던 리치는 야나기에게 자료를 제공하고, 민중의 삶이야말로 가장 예술적임을 공감한다.

앞서 말했듯이, 야나기의 첫 조선 방문(1916)도 북경에 머물던 리치의 초청으로 그에게 가던 길이기도 했다. 리치는 홍콩 출생의 영국인으로 아시아문화에 친숙하면서도 영국의 블레이크를 좋아했고, 그 자신이 도예가였다. 6대 오타카 켄잔의 도제로 입문하여 7대 켄잔이라

---

36. 야나기보다 1년 늦은 1911년 9월 도쿄대학 영문학과에 입학한 나가요 요시로 (『시라카바』 동인)가 학과의 초빙교수였던 존 로렌스에게 졸업논문으로 블레이크를 다루고 싶다고 했을 때 '그것은 미친 짓이다'라고 말했다고 한다. 그 길로 나가요는 대학을 중퇴한다. 정일성(2007), 『야나기 무네요시의 두 얼굴』, 185~186.

는 칭호를 이어받기도 했다. 그렇지만 리치는 실용성을 중시했다. 그 것이 바로 야나기가 말하는 '민중예술'이었다.

야나기가 조선을 방문한 것은 리치에게 헌정하는 블레이크에 대한 저작을 낸 지 2년 후였다. 그는 블레이크를 통해 '상상imagination'이라는 예술의 핵심이 실현되고 있음을 느꼈다. 그것은 서양만이 아니라 동양에서도 찾아볼 수 있는 미적 가치였다.

동시에 야나기는 블레이크에 의해 동양 예술에 대해서도 새로운 시각이 열리게 된다. 블레이크의 그림에 의해 색채의 아름다움에 눈을 뜨고, 장식적인 도안을 통해 미세한 것을 보는 것을 배우고, 거기에서 '선의 미와 형태의 우수함'에 눈을 떴다. 이를 발판으로 1914년 '조선의 도기에서 암시를 받고', 사기 등의 '형상의 미'에 눈을 돌리게 되는 것이다. 그 결과 야나기는 '형태'에 관해서 '가장 발달한 감각'을 가진 민족은 '옛조선인'이고, '중국인'이 그 다음을 잇고, 더해서 '거의 모든 미개민의 제작이 더욱더 암시에 풍부한 상징적인 형태미를 표현하고 있다'는 것을 알게 된다.[37]

야나기는 이후 자신의 예술관을 불교의 선禪으로 집약해 나간다. 그의 이른바 '신비도神秘道'는 선과 만나게 된다. 신비주의가 아니다. 도는 주의와는 달리 고정된 주장을 담지 않는다.[38] 그럼에도 그의 주장의 가장 밑바닥에는 다름 아닌 민중예술이 자리잡고 있었다. '산은 산이다. 산은 산이 아니다. 산은 산이다.' 그저 산으로 바라보다가 산이 산

---

37. 나카미(2003), 『평전』, 130.
38. 노자가 말하듯 도를 도라 하면 도가 아니다. 『노자』, 제1장: 도를 말할 수 있으면 그것은 늘 그러한 도가 아니다(道可道, 非常道).

이 아님을 느끼게 되고 마침내는 산이 산임을 알게 되는 것처럼, 최고의 예술은 귀족적이지 않고 민중적임을 확고히 한다. '민예'는 민중예술民衆藝術의 줄인 말이다. 야나기 스스로 그렇게 정의한다.

1929년부터 미국에 머물면서 야나기는 월트 휘트먼미국의 시인이자 수필가(1819~1892)에 빠지지만 그래도 그의 생각의 시원에는 블레이크가 단연코 확고하게 자리 잡고 있었다. 그 결과가 1931년 〈블레이크와 휘트먼〉이란 잡지의 창간이었다.

슬픈 선

야나기의 '비애의 미'에 대해서는 잘 알려져 있으며 그에 대한 비판도 많다. 일찍이 박종홍을 위시하여 김달수, 이진희, 김지하, 최하림, 김양기 등이 나섰으며 김윤식이 그 중간적 결산을 이룬다.

이러한 입장은 『야나기 전집』 말미에도 소개되어 있다. 일본제국주의 정부가 채택한 동화同化주의라는 비판[39]을 필두로, 최하림(1974)은 도자기도 옷도 하얀 것을 슬프게 본 것은 잘못된 것일 뿐만 아니라 한국사를 사대주의로 몰고가 일본제국주의 정책과 교묘히 혼합했다고 비판하며, 이방렬[40]은 일본제국주의에 대한 야나기의 도덕적 항거는 자위에 불과하며 조선의 미를 연민의 미, 애소哀訴, 슬픈 하소연의 미라고 한 것은 제국주의의 시각이라고 주장한다. 김윤수[41]는 봉산탈춤처럼 힘 있는 춤 속에서 현실개혁의 의지가 폭발적으로 드러나고 있는 것

---

39. 우부카타 나오키치(幼方直吉), 『사상』, 1961.
40. 〈숙대신문〉 서평, 1974.9.23.
41. 『창작과 비평』 좌담회, 1977.

을 보지 않고 민속미술을 비애의 미로 보는 것은 식민지사관의 미학이고, 단순한 자연주의적인 미를 바라봄으로써 몰역사적인 복고주의로 돌아가는 것이라고 비난한다. 문명대[42]는 야나기의 입장은 주인이 하인을 동정하는 종류로 당시 일본 관학자들의 식민지사관을 크게 벗어나지 않는다고 폄하한다. 김현[43]도 야나기의 예술론은 전형적인 식민지사관의 한 변형이라고 혹평한다. 앞서 말한 재일교포 이진희[44]의 경우는 야나기가 곡선을 말했지만 백제의 정림사지 오층탑백제, 불국사 석가탑통일신라의 직선을 보지 않아 비애의 미를 말하게 되었다고 주장한다.[45]

이런 비난은 특별한 것이 아니다. 야나기 당시에도 그랬다. 「표본실의 청개구리」로 유명한 염상섭의 말을 빌려보자. 요즘말로 바꾸어 싣는다.

> 일본의 야나기 무네요시 씨가, 특히 고려자기를 비롯하여 각종 조선의 미술품을 찬상하고, 조선민족미술관 건설에 분주한 모양이나, 만일 씨의 이른바 고려자기나 기타 작품의 곡선미가, 쾌감을 주기 때문에 예술적 가치가 있는 것이라고 논단할 지경이면 그것은 일고의 가치도 없음은 물론이거니와, 근자에 성행하는 고려자기 모조업자도 훌륭한 예술가이겠고, 그 제작품도 또한 예술적 작품이라 하겠다.[46]

42. 「우현 고유섭의 미술사학」, 『미술과 생활』, 1977. 7.
43. 「한국문학의 전개와 좌표」(연재 2회), 『문학과 지성』, 1976 봄.
44. 『三千里』 13, 1975.
45. 『야나기 전집』, 686, 690~691, 694.
46. 염상섭, 「개성과 예술」, 『개벽』 22, 1922. 『폐허』 동인과 야나기 무네요시와의 관계는 조윤정(2008)의 글을 보라.

염상섭, 오상순 등『폐허』동인은 이미『시라카바』의 동인과 직간접적으로 교류하고 있었다. 오상순은 야나기가 조선을 방문하기 전부터 서로 알고 지내고 있었다. 이런 상황에는 민태원, 남궁벽, 나혜석, 그리고 조선에서 음악회를 연 야나기의 부인 가네코가 어우러져 있었다. 특히 유학생이던 남궁벽은 일찍이 일본에서 야나기를 방문 (1920.2.2)했다.

한국인의 '야나기 무네요시'론을 가토 리에는 4종류로 분류한다.

① 반일제: 일본 제국주의에 대한 비판
② '비애의 미' 비판: 비애의 미론에 대한 비판
③ 반현대일본사회: 현대 일본사회에 대한 비판
④ 반근대사상: 근대라는 사상의 틀에 대한 비판[47]

그러면서 이렇게 말한다.

해방 전의 박종홍, 고유섭은 ①과 ②의 입장에서 야나기의 예술론을 비판하였고, 1982년의 서임수는 ①과 ③의 주제를 논하기 위하여 야나기의 광화문 파괴 반대를 소개하였다. 그리고 1999년의 이인범, 2001년의 김윤식의 경우는 ④, 즉 근대라는 패러다임에 대한 문제제기가 가장 근본적인 주제였고, 그것을 논하기 위하여 야나기라는 존재를 등장시켰던 것이라 볼 수 있다.[48]

---

47. 가토 리에(加藤利枝), 권석영, 이병진 외,『야나기 무네요시와 한국』, 소명출판사, 2012, 26. 이하 가토 리에(2012),『야나기 무네요시와 한국』.
48. 가토 리에(2012),『야나기 무네요시와 한국』, 26.

가토 리에의 관점은 하다못해 ①, ②, ③의 주제 모두 넓은 의미에서 ④의 근대라는 시대에 대한 비판이라 볼 수 있다는 것이다. '비애의 미'라는 표현도 일본제국주의에 의한 편향된 역사관에서 자유롭지 못했지만 근대 사유가 갖는 폐해의 일부라는 것이다. 그러면서 지금의 한국을 보았다면 결코 '비애'라는 말을 택하지 않았을 것이라고 마무리한다.

여러 평화관

나는 야나기에 대한 비판적 시각이 틀렸다고 말하는 것이 아니다. 나도 야나기의 비애가 조선예술에 대한 단편적인 시각임을 잘 안다. 그리고 그것의 극복, 아니 극복할 필요조차 없는 한국 미학의 수립이 우리 앞에 놓여 있다고 생각한다. 나아가 그 가능성이 고유섭에 의해 현시되었다고 나는 믿는다.

야나기는 블레이크처럼 사상에는 동의해도 실천에 동참하지 않았다. 그러면서 변명은 늘 예술을 통한 진리의 발현이었다. 블레이크가 미국의 독립운동가인 토마스 페인 등과 교류하며 독립운동에 찬성하면서도 시 쓰기와 판화의 제작에 매달린 것처럼, 야나기도 조선의 독립을 글로 적으면서도 조선인의 무장봉기는 찬성하지 않았다. 3.1만세운동 역시 무장봉기라고 평가하면서 반대했다. 제국주의는 망할 수밖에 없다고 말은 했지만 조선의 현실과는 엄연한 괴리를 보이는 것이다.

그러나 무장봉기에 대한 야나기의 부정적인 관점을 투영하더라도 3.1만세운동이 지향하는 평화주의 노선은 어떤 피부색을 갖든 어떤 국적을 갖든 세계사적으로 찬양되지 않을 수 없는 것이다. 제국주의자의 삐뚤어진 눈으로 그것을 폭동으로 왜곡해 버린 것이 문제의 실체다.

일본평화협회는 1901년 일본으로 파견된 미국인 퀘이커교의 선교사인 길버트 볼스Gilbert Bowles의 노력으로 1906년 발족한다. 그런데 일본평화협회는 기본적으로 일본의 식민지 지배를 인정하면서 평화를 유지하려는 어용적인 단체였고, 안타깝게도 볼스는 1919년 3.1독립운동이 일어났을 때 조선 주재의 미국인 선교사의 본토행 보고서를 압수한다.[49] 서구의 대일 시각이 부정적으로 변할까 우려한 결과인데, 그러면서 조선을 일본과 하나로 엮는 문화통치를 할 것을 요구한다.

> 일본평화협회와 약간의 의견 차이가 있었다고 하더라도, 볼스도 '선일鮮日융화' 추진의 관점에 서 있던 점에서는 일본 회원들과 다를 바가 없었다. 그리고 3.1독립운동 당시 볼스의 활동은 그가 중시한 평화가 어디까지나 열강들의 관계 개선에 역점을 둔 것이었음을 보여주고 있다. 따라서 볼스의 평화관은(,) 이미 일본의 식민지 정책에 비판적이었고 그러한 비판적 사고 위에 평화사상을 확립시키려 하던 야나기의 사고와는 큰 거리가 있었던 것이다.[50]

야나기와 함께 『시라카바』 동인으로 활동한 무샤노코지는 이미 1915년부터 '평화를 위한 전쟁'을 내세우는 일본평화협회를 강력히 비판한다. 평화를 위한 전쟁을 받아들인다면 평화협회는 군인이 회

---

49. 그와는 반대로 영국 태생의 캐나다 선교사인 프랭크 스코필드(석호필)는 「꺼지지 않는 불꽃(Unquenchable Fire)」이라는 보고서를 통해 전 세계에 제암리 학살 사건을 폭로한다.
50. 나카미(2003), 『평전』, 256.

원이 되는 국가주의자협회가 될 수밖에 없다는 것이다. 야나기는 무샤노코지의 의견에 동조한 것으로 보이지만 그처럼 나서지는 않았다. 그러나 위에서 상술했듯이 야나기는 3.1운동 당시 벌어진 제암리 학살사건(1919.4.15)에 대해서만큼은 분명한 의견을 밝힌다.

조선의 예술과 일본

「조선의 미술」에 관한 야나기의 주요 어구를 옮겨본다.

그런 것들은 일본의 국보라고 불리기보다는 조선의 국보라고 불리지 않으면 안 된다.[51]

엄밀히 일본의 국보에서 조선의 작품, 또는 그 유풍을 전한 것을 빼버리고 나면 무엇이 남겠는가. 이런 일은 저 탁월한 아스카의 황금시대를 일본사에서 말살하는 일이 아닌가. 일본 예술은 조선의 미로 인하여 꾸며진 것이다. 만일 저 현명한 쇼도쿠 태자가 조선의 문화를 받아들이지 않았다면 일본은 자랑해야 할 국보의 몇백 개를 잃었을 것이다.[52]

고려조의 도자기도 이미 불멸의 것이 아닌가. 그 시대는 학문과 예술의 시대였다. (대장경과 같은) 불전의 편찬은 중일 양국을 통해 하나도 없지 않은가.[53]

51. 박재삼 역(1989), 『조선과 예술』, 17.
52. 박재삼 역(1989), 『조선과 예술』, 19.
53. 박재삼 역(1989), 『조선과 예술』, 20.

흥이 넘치는 가락도 없고, 색깔에는 즐거운 빛이 없다. 다만 눈물에 충만한 애수 어린 마음이 있고 미도 애상의 미일 뿐이다.[54]

그러나 그것을 아주 약한 자의 미라고 낮춰 봐서는 안 된다. 만일 저 셸리의 시구가 진실이라면 그것은 미의 극치인 것이다. '가장 슬픈 생각을 노래한 것이 가장 아름다운 시가다'라고 그는 말하지 않았던가.[55]

나는 조선의 역사가 고뇌의 역사이며, 예술의 미가 비애의 미인 것을 말했다. 더구나 그 민족은 현명하게도 필연적인 표현 방식을 선택해서, 형태도 색채도 아닌 선에 가장 많이 그 마음을 의탁해 왔음을 말했다.[56]

흰옷은 언제나 상복喪服이었다.[57]

그것은 정情에 넘친 선이 아닌가. 눈물에 충만한 선이 아닌가. 땅에서 괴로워하는 자가 영원한 것을 피안에서 좇는 마음의 상징이 아닌가. (…) 그 미만큼 사람을 매혹시키는 것은 없을 것이다.[58]

야나기는 그리스 비극이야말로 예술작품이라고 말하는 서구적 전통에서 조선을 말하고 있음을 알 수 있다. 슬퍼야 울고, 운다는 것은 배설이고 정화다. 이렇게 조선의 선을 본 것은 리치도 마찬가지였다.

54. 박재삼 역(1989), 『조선과 예술』, 25~26.
55. 박재삼 역(1989), 『조선과 예술』, 26.
56. 박재삼 역(1989), 『조선과 예술』, 34.
57. 박재삼 역(1989), 『조선과 예술』, 42.
58. 박재삼 역(1989), 『조선과 예술』, 47.

1920년 5월 리치는 야나기와 함께 조선을 여행하고는 조선예술에 대한 소감을 담는다.

> 차가 빨리 움직이면서 언덕은 길고 아름다운 선 속에서 떠오르고 또 떠올랐네. 그 독특하고 빼어난 조선의 선은 모든 것에 흐르고 있었네. 그것은 날카롭고 아름답고 또한 슬프게 사람의 마음에 얽혀왔네. 그 선은 언덕에도 남성의 모자에서도 또 여성의 머리에서도, 남녀의 신발에서도 볼 수가 있었어.
> 조선의 가야금 소리에도 그것이 들려왔네. 놋쇠에서도 쇠에도 은에도 금에도 선이 있었어. 고려의 자기는 나를 하늘의 경이에까지 이끌어주었네. 나는 평생토록 선의 아름다움을 사랑해왔네. 그런데 어째서 나는 이제까지 조선에 오지 않았던 것일까.[59]

야나기가 R로 소개하는 리치의 편지다. 2년 동안 머물던 북경을 떠나 집으로 가기 전에 야나기의 권유로 조선을 들린 감상을 이렇게 적는다. 여기에 선이 나오고, 슬프다는 표현도 나온다. 이런 점에서 야나기와 리치는 한 차를 타고 있다. 후기에 따르면 이 글은 〈동아일보〉에 조선어로 번역되어 2회까지만 실리고 게재가 금지된다.

야나기의 「석굴암의 조각에 대하여」라는 글을 보자. 중요한 것은 십대제자상과 본존불에 대한 묘사다.

> 실로 조선인들만이 그 마음속에 그릴 수 있었던 십대제자의 상이다. 제자는 진실로 인도에만 있었던 것은 아니다. 신라에도 살아 있었다. 설사

59. 『야나기 전집』 6, 72.

그 나라는 망하고 역사는 변하였지만, 이들 조각에서 조선은 영원한 종교의 나라에 살고 있는 것이다. 그 어떤 사람도 그 앞에 멈춰서면 송연한 전율을 느낄 것이다.[60]

야나기는 이와 비슷한 작품이 중국에 있지 않을까 찾아 헤맸다. 8세기의 용문의 작풍에서나마 찾을 수 있었다. 그러나 석굴암의 본존불은 참으로 빼어난 것이었다.

그것은 모든 것을 말하는 침묵의 순간이다. 모든 것이 움직이는 고요한 생각의 찰나다. 일체를 포함한 무의 경지다. 그 어떤 진실이, 그 어떤 미가 이 찰나를 넘어설 것인가. 그의 얼굴은 비상한 아름다움과 깊이로서 빛이 나지 않는가. 나는 많은 불타의 좌상을 보아왔다. 그러나 이것이야말로 신비를 간직하는 영원한 하나이리라. 나는 이 좌상을 통해서 조선이 지난날에 맛볼 수 있었던 불교의 심대함을 믿는 것이다. 이와 같은 작품에서는 종교도 예술도 하나다. 우리는 아름다움에서 참을 맛보고, 참에서 아름다움을 즐기는 것이다.[61]

야나기는 석굴암을 석불사로 부르면서 거기에는 불멸의 힘이 있고, 불후의 미가 있다고 말한다. 석불사에 이르러 조선은 영원의 영예를 나타냈다.

「조선의 도자기의 특질」과 「조선의 목공품」에 대한 야나기의 두 구절로 그에 대한 변론을 마치려 한다. 이제 판단은 읽는 사람의 몫이다. 도자기는 아래 시대로 내려올수록 기교가 덧붙여져 자연에 대한 반역

60. 박재삼 역(1989), 『조선과 예술』, 89.
61. 박재삼 역(1989), 『조선과 예술』, 91~92.

이 되고 자연에 대한 반역은 곧 미에 대한 반역이기 때문에, 예술은 타락한다.

> 그런데 우리는 참으로 흥미 깊은 예술사의 이례를 조선의 도자기 예술에서 찾아볼 수 있다. 앞서 말한 바와 같이 그 미는 단순화로 복귀하는 것이었다. 형태는 더욱 지순해지고 간단해지며 도안은 거의 대여섯의 필치로 그려져 있지 않은가.[62]

야나기는 목공품의 경우 서양에서는 영국의 것, 동양에서는 조선의 것을 좋아한다고 말한다. 그리고 이것은 개인적인 기호만이 아닐 것이라고 말한다. 영국의 것은 견고하고 성실해서, 뽐내는 것이나 멋을 부린 것은 그 앞에 서면 빛을 잃고 만다. 그러나 조선의 목공품에는 성실성이라는 말로 표현할 수 없는 어떤 것이 있다.

> 한쪽새와 벌의 집은 있는 그대로의 본능이지만 한쪽조선의 목공품은 인간의 기술을 통하여 자연을 살리는 것이다. 그러므로 가공이기는 하나 자연의 본능보다 더욱더 자연의 의지를 명확하게 충족시키는 것이다. 그런 의미에서 자연물보다도 더욱 자연의 아름다움이 나타난다. 가공은 여기서는 단순한 작위와는 다르다. 작위라면 자연은 죽어버린다.[63]

마지막 어구는 요즘도 회자되는 한국미의 특질이다. 자연스럽지 않으면 느글거려 참지 못하는 한국인의 미학이다. 건축에서는 외부세계를 꾸미려하기보다는 자연스럽게 바깥 경치를 빌려오는 차경借景의 교

---

62. 박재삼 역(1989), 『조선과 예술』, 137.
63. 박재삼 역(1989), 『조선과 예술』, 148.

묘巧妙하고 간교奸巧한 수법이기도 하다. 너무도 간교하고 교묘해서 눈에 띄지 않는, 헤겔이 말하듯 절대이성이 간지奸智를 통해 나폴레옹에게 자유의 이념을 퍼트리게 한 것처럼, 작품을 만드는 장인匠人 본인도 모르는 기막힌 솜씨craft, 술책, 기능, 공예다.

제4장

너희는 탑의 힘참을 보았는가

– 고유섭: 한국 현대미학의 탄생

전집

 내가 거금 10만 원을 들여 고유섭 전집을 산 것은 서울 인사동 통문관에서였다. 할아버지 관장님은 밖에 나와 작은 의자에 앉아 계셨고, 나는 여전히 높은 가격에 주저했다. 사기로 마음먹고 이왕 나온 것, '그래 고유섭의 전집은 사야 마땅하지'라고 생각하면서도 할아버지께 왜 이리 비싸냐고 투정을 했다. 학위를 받고 귀국한 다음해(1993)였다. 강사 자리도 쉽지 않을 때 나에게 10만 원은 큰돈이었다. 통문관 주인 이겸로 선생은 깎아주지는 못하지만 책을 주겠다며 『신석초 시집』 초간본을 선뜻 내주었다.

 유치하지만 소담한 그림 표지의 시집이었다. 신석초(1909~1975)가 누구인가? 일본 법정대학 철학과를 다니며 카프KAPF, 조선프롤레타리아예술동맹의 맹원으로 활동하다가 탈퇴하고, 이육사의 막역한 지기이자 서정주와 김광균과 함께 〈자오선子午線〉 동인으로 활약한 인물이다. 우리 때 교과서에 그의 시가 실렸으니 가히 한국을 대표하는 시인 가운데 하나였다. 골동취미라고 하던가. 아니, 그보다는 서적수집광이라고 해야 할는지, 편벽을 버리지 못한 나는 시집 한 권을 덧붙여서 작은 상자로 포장된 고유섭 전집 4권을 사들고 집으로 돌아왔다. 그래서 나는 고유섭과 신석초가 늘 함께 떠오른다. 4년 어린 시인의 시집과 고유섭의 전집은 함께 놓여 있었다.

 지금 그 시집은 어디 갔는지 찾을 수 없다. 언젠가 책 뒤잡이를 하다 보면 나올지도 모른다. 당시에도 단행본으로 출판된 고유섭의 주저는 절판되어 나는 복사본으로 갖고 있었고, 요즘도 그 익숙한 복사본부터 뒤적이게 된다. 그런데도 고유섭의 전집은 무조건 사야만 했다.

 이제 『고유섭 전집』은 겉은 지저분하고 곰팡이가 슬었다. 다행히 놀랍게도 안은 정말로 멀쩡하다. 지질도 일반 것보다 두꺼운 번들번들

한 종이라 30년의 세월에도 끄떡없다.

여기에서 인용되는『고유섭 전집』은 통문관의 것이다.『야나기 전집』과 구분하기 위해『전집』이라 줄이지 않고『고유섭 전집』1, 2, 3, 4로 적기로 한다. 인용은 기본적으로 통문관 전집을 위주로 하지만, 열화당의 것은『열화당 전집』으로 표시한다.

책의 역사

이후 미술 관련 전문출판사인 열화당에서 고유섭의 책을 재정리하여『고유섭 전집』은 10권으로 나온다.[1] 미술사와 미학을 나누고, 미술사도 총론과 각론을 상과 하로 나눴다. 탑파의 연구도 상권과 하권으로 나뉘며, 고려청자와 송도고적, 그리고 조선건축미술사 초고도 분책했다. 통문관 전집과 열화당 전집의 차이는 통문관은 한국이라는 이름으로 제목을 바꿨다면 열화당은 원제 그대로 조선이라고 쓰고 있는 것이다. 이후 나는 한국과 조선을 혼용해 쓰겠지만 원문의 용어에 대체로 충실하고자 한다. 고유섭의『조선탑파의 연구』와 같은 대표적인 저서를 들어 그의 책의 역사를 정리하면 다음과 같다.

- 1936년 이래 3회에 걸쳐『진단학보』에 발표된 것이 있고, 별도로 일본으로 쓴 총론과 각론이 있다.

1. 열화당 이기웅 대표는 파주출판단지의 주된 인물로 출판사와 함께 서적 박물관을 운영하고 있다. 열화당은 이 대표의 고향집인 강릉 선교장 사랑방의 이름이다. 선교장의 열화당은 러시아 건축양식을 한옥에 접목한 것으로 유명하다. 채양을 길게 내어 발코니의 느낌을 준다.

- 1944년 고유섭 사후 그의 자료는 1947년 당시 개성박물관장인 진홍섭의 집에 보관되어 있었다. 제1장에서 말한 개성 3걸 황수영, 진홍섭, 최순우를 기억하자.

- 논문 100여 편은 황수영에 의해 수집된다. 황수영은 한 장의 사진, 한 쪽의 메모까지 보존에 전력했다고 밝힌다.

- 1947년 12월 10일 황수영은『조선탑파의 연구』(을유문화사)의 발문跋文을 개성 송악산 아래에서 쓴다.

- 1947년 같은 날 이여성李如星이 이 책의 초판 서문을 쓰며 일찍이『진단학보』에 발표하면서 자기 글에 불만을 겸손히 표시하던 고유섭을 기린다. 이여성은 제1장에서 언급된 세키노 타다시關野貞(1868~1935) 등을 포함한 6인의 일본인 학자를 뛰어넘어 혜성과 같이 나타난 선구자라고 고유섭을 평가한다『고유섭 전집』1, 8. 을유문화사 간행본이다.

- 1948년 간행된『조선탑파의 연구』는 을유문화사의 '조선문화총서' 제3집로 출판되었다.『조선탑파의 연구』는『송도고적』과 함께 초기에 간행된 것인데,『송도고적』은 고유섭 자신이 엮었지만『조선탑파의 연구』는 황수영에 의해 편집된다.

- 1963년 통문관에서 단행본으로『한국미술사 및 미술논고韓國美術史及美學論攷』가 간행된다. 이 판본은 1972년 재판, 1979년 삼판이 나온다. 단행본은 같은 출판사의 전집처럼 가로쓰기가 되어 있지 않고 옛날 책처럼 세로쓰기로 되어 있다.

- 1975년 황수영은 1955년탑 26기, 고유섭 본인이 집필하여 정서과 1966년탑 12기, 황수영이 정리하고 번역에 발표된 각론속을 기존에 실려 있던 총론에 덧붙여 재판을 출간한다. 각론은 탑에 대한 구체적인 설명이다.

- 1993년 통문관 전집은 황수영의 간행사에 따르면 고유섭 별세 직후부터 간행된 활판본 6권을 조금도 고치지 않고 다시 묶은 것이다. 1992년 문화부가 9월의 문화인물로 고유섭을 선정, 발표하여 이를

기념하기 위함이다.

- 2007년 1차분 세 권, 2010년 2차분 네 권, 2013년 3차분 세 권으로 열화당에서 다시 『고유섭 전집』이 나온다. 특기할 것은 제10권이 『조선금석학 초고』라는 점이다.

고유섭과 금석학의 관계는 아직 잘 드러나 있지 않다. 그럼에도 그의 서적목록에서 '완당시독阮堂尸牘'[2]과 '완당선생집阮堂先生集'[3]이 나오는 것으로 보아 고유섭이 김정희의 행적을 알았던 것이 드러난다.

홀로 미학을 공부하다

『국어대사전』으로 유명한 이희승(1896~1989)은 고유섭보다 열 살 가량 나이가 많은 데도 그와는 대학동기였다. 고유섭의 사진에 조선어 전공의 이희승과 함께 찍은 사진이 있다.[4]

이희승은 미에 대한 학술적인 구명究明을 도락이나 취미와 구별한다. 미를 좋아할 수는 있지만 미를 본격적으로 해명하려는 사람은 삼상만 할 수가 없다는 것이다.

이와 같이 보통사람은 아예 손을 대어볼 생각을 아니하거나 감히 엄두를 내지 못하는 '미학'의 개척에 대하여 어떤 애착을 느낀다든지 의무감을 가진다는 것은 여간 희귀한 일이 아니다.[5]

---

2. '조선화론집성 목차', 『고유섭 전집』 4, 495. 간독(簡牘) 류를 가리킨다.
3. '문헌초(抄) 연표목록 카드 류', 『고유섭 전집』 4, 520.
4. 『고유섭 전집』 3, 앞 사진 수록 부분.
5. 『고유섭 전집』 4, 299.

이희승은 고유섭의 『전별餞別의 병瓶』 서문(1957.10.20)에서 이렇게 말한다. 전별이란 전별금이라고 할 때의 전별이다. 헤어질 때 잘 먹여 보내는 것을 가리킨다. 과거에는 전별의 음식, 전별의 술잔, 전별의 선물이었으나 요즘은 전별의 돈이 되었다. 고유섭은 거기에 전별의 병을 말한다. 전별의 병에는 전별의 술이 들어있을 터이다. 학창시절부터 만년에 이르기까지 쓴 수필식 소품류 41편의 글 가운데 하나를 뽑아 제목으로 삼은 것이다. 책명은 간송 전형필이 달았다.[6]

이희승은 고유섭이 이런 물건에 관심을 갖는 것이 특별하게 느껴졌다. 동기 가운데에서 아무도 하지 않는 미학 전공을 고유섭 혼자 선택한 것을 떠올린다. 해방 때까지 미학을 선택한 사람은 나머지 일본인 한 명을 제외하고는 아무도 없었다.

> 그 사람 자체가 미에 대한 순교적 정열의 소유자거나 그렇지 않으면 미적 가치판단에 예민한 형안炯眼의 소유자가 아니면 안 될 것이다. 따라서 이러한 사람은 자연 탈속이랄까 초세간적인 인물이 아니면 안 될 것이다.[7]

이희승은 고유섭을 이런 범주에 속한 인물로 본다. 5년 동안 같이 공부한 금란金蘭의 벗이지만, 고유섭은 고고孤高해서 어디에 매달린 것이 없지만 자신은 소심하여 세속에 악착齷齪하는 범부라고 말한다. 고유섭은 졸업 후 취직도 어려워 미학연구실 조수생활을 오랫동안 하다가 개성박물관장 자리가 나자 가게 되었다는 것이다. 개성은 배일감정이 강해서 당시 일본인들이 맡던 장 자리조차 한국인에게 배정하지 않으면 안 되었다고 한다. 이희승의 표현에 따르면, 고유섭은 자신에

---

6. 『고유섭 전집』 4, 472.
7. 『고유섭 전집』 4, 299.

게 딱 알맞은 자리를 이용하여 엄청난 저작을 해낸다. 개성에 머무는 동안 그의 대부분의 저작이 이루어지기 때문이다. 그러면서 그의 요절을 안타까워한다.

> 우현은 이 정배定配, 유배나 다름없는 개성박물관장의 자리를 최대한 이용하였다. 현실을 백안시하며, 오직 미의 탐색에 몰두하여 연구와 사색과 나아가서는 저작을 꾸준히 계속하였다. 그리하여 『송도고적』, 『고려청자』일문과 국문, 『조선탑파의 연구』, 『조선미술사문화사논총』 그리고 이 『전별의 병』 또는 근간의 『미술사급미학논고』 등 군의 저작의 대부분이 개성에서 이루어졌다.[8]

고유섭도 미학을 전공하고자 교수를 찾아갔을 때 경제적 형편부터 묻던 것을 기억하고 고백한다.

> 대학에서 미학이라고 해서 '조선미술사'를 연구하겠다고 했더니 담임교수의 말이 네 집에 먹을 것 넉넉하냐고 묻습디다. 그래서 먹을 것이 있다기보다도 간신히 공부를 할 뿐이라고 했더니 교수의 말이 그렇다면 틀렸다, 이 공부는 취직을 못 해도 좋다는 각오가 있고 또 돈의 여유가 있어야 연구도 여유 있게 할 수 있는데 (…) 하며 전도를 잘 생각해 보라는 것을, 이왕이면 내가 할 내 공부이니 취미 있는 대로 하고 싶은 공부나 해보자고 한 것이 이 공부인데, 요행이라 할지 이 박물관에 책임자로 있게 된 것만은 다행이나 어디 연구할래야 우선 자금난—즉 우리가 보고 싶은 것, 조사하고 싶은 것 등이 용이히 우리 손에 안 미치는 것을 어찌합니까.[9]

---

8. 『고유섭 전집』 4, 300.
9. 『고유섭 전집』 4, 465~466.

고유섭이 개성박물관장이 된 지 5년째에 조선일보 기자가 방문하여 인터뷰 기사를 싣는다.[10] 고유섭은 공부를 시작할 때 벌써 취직이 되지 않아도 좋다는 생각을 했던 것이다.

나는 늘 생각한다. 고유섭이 탑을 찾아다닐 때 돈을 어떻게 마련했는지, 오늘날처럼 차를 휑하니 몰고 갈 때도 아니었는데 그 많은 탑을 어떻게 조사했는지, 아무리 중학교 1학년 때부터 톨스토이의 책을 끼고 다녔고 문재文才가 넘쳐 주체를 하지 못하고 끊임없이 글쓰기를 해댔지만 원고료라도 넉넉히 받았는지, 간경화는 식이요법도 중요한데 이를 못하여 1년 앞둔 해방을 못 보게 된 것은 아닌지 말이다.

고인이 된 김충렬 교수가 나에게도 뜬금없이 집에 돈 있냐고 물었던 것이 기억난다. 대만의 교수 기숙사에서였다. 대만은 당시만 해도 국립대 대학원 학비는 무료였고 기숙사비도 형식적으로 아주 조금 받았다. 오히려 보조금이 나왔다.

학자는 공부하는 노동자인데도 제대로 된 임금을 받지 못해 연구를 이루지 못하는 경우가 많다. 고유섭은 숙원이었던 한국미술사를 끝마치지는 못했어도 우리의 탑에 대한 연구는 이루고 말았다.

정열적 순교

이희승이 말한 '순교적 정열'이라는 표현은 고유섭에게 정확히 들어맞는다. 간경화로 고생하면서도 글쓰기를 멈추지 않았다. 이병도는 자신의 경험을 『한국미술사 및 미학논고』 서문에 적어놓았다. 이병도

10. 「묵은 조선의 새 향기」, 고미술편 제11~12회, 조선일보, 1937.12.12~13.

는 고유섭과의 친분이 진단학회를 시작할 때부터 두터웠고 그 학회지인 〈진단학보〉를 통해 그의 재능이 드러났다고 한다. 그는 병중에도 노력하던 고유섭의 모습을 기억한다.

그가 돌아가기 수년 전에 내가 고적답사 관계로 개성에 갔을 때 그는 숙아宿痾, 숙병로 누워 있었는데 방문한 나를 위하여 일부러 응접실로 나와 접하여 주었다. 창백한 얼굴을 보고 나는 그를 위로해 주며 담화를 오래 계속치 않고 일어서려 하였으나 (…)『고려사』 한 권을 가지고 나와 의심난 곳을 나에게 묻기도 하였다. (…) 넘기는 페이지마다 구두점과 방점으로 가득 차 있음을 보았다. 나는 놀래어 혼잣말로 이 친구가 이렇게 연구를 하니 병이 나지 아니할 수 있나 하고 그에게 새삼 '무리하지 말라'는 권고의 말을 남기고 작별하였다. 그 후 수년에 우연히 종로 노상에서 그를 만나 퍽 반가웠으나 그의 얼굴에는 여전히 병색이 가시지 못하였다.[11]

고유섭은 오랜 동안 지병을 앓고 있으면서도 필생의 작업을 하고 있었던 것이다. 그의 결기는 대단했다.

나는 몹시도 빈궁하기를 바랐다. 난관이 많기를 바랐다. 나를 못살게 구는 사람이 많기를 바랐다. 부모도 형제도 붕우도 모두 나에게 고통을 주고 불행을 주는 이들이기를 바랐다. 그러나 이를 얻지 못한 소위 다행아多幸兒란 자가 불행한 나이다. 아아, 나는 불행하다. 그 이유는 여기에 있다. 사람의 마음은 일대난관에 처하여야 비로소 그의 마음에 진보를 발견한다. 발현되는 그의 소득은 비록 적을지라도…… 그러다가 마침내

11. 『고유섭 전집』 3. 5.

폭발적 계시로 말미암아 그의 승리는 실현된다고 믿는 까닭으로……. [12]

『문우지』 창간호에 실린 이 글은 잡지의 성격상 문학적일지라도 고유섭의 인생에 대한 태도를 보여준다. 다행해서 불행하다. 행복은 불행이다. 일대난관이 곧 그의 한국미술사에 대한 숙원이었다. 그는 죽음과 미학을 바꿨다. 그는 파우스트가 기꺼이 되고자 했다. 악마에게 영혼을 팔지라도 그는 한국의 아름다움을 이뤄내고자 했다.

황수영은 스승인 고유섭이 일찍이 잡지사의 질문에 '나는 파우스트와 같은 배우가 되겠다'고 회답한 것을 기억한다. 발병 이후에도 책과 붓을 놓지 않았던 선생이었다.

참으로 선생의 일생은 그 같은 노력과, 휴식을 모르는 탐구로써 일관하였다. [13]

아는가? 고유섭이 생각한 문화 속의 전통은 손으로 계승되는 것이 아니라 피로 계승되는 것이었다. 공을 건네듯 건네지는 것이 아니다. 그것은 기계론적 해석이다. 주고 싶다고 해서 줄 수 있는 것도 아니다.

'전통'이란 결코 이러한 '손에서' '손으로의' 손쉽게 넘어다니는 것이 아니다. 그것은 오히려 '피로써' '피를 씻는' 악전고투를 치러 '피로써' 얻게 되는 것이다. 그것을 얻으려 하는 사람이 고심참담 쇄신분골하여 죽음으로써, 피로써, 생명으로써 얻으려 하여야만 얻을 수 있는 것이요, 주고

---

12. 『고유섭 전집』 4, 422.
13. 『고유섭 전집』 2, 405.

싶다고 하여 간단히 줄 수도 있는 것이 아니다.[14]

그리하여 선가에서 말하는 이심전심은 물론이고 팔뚝 자르기단비(斷臂)와 불립문자나 직지인심이라는 표현도 '이 피에서 피로의 생명으로서의 획득을 상징하는 것'이며, 그것은 바로 '영원의 지금에서 늘 새롭게 파악된 것'이다.

바로 여기서 상세하게 논할 것은 아니지만, 고유섭의 이 말은 그의 미학적 성격을 잘 드러내준다. 변화 속에서 변화하지 않는 것을 찾는 것이 미학이다. 그것은 물리적으로 고정되는 것이 아니며 보편성과 특수성 사이에서 끊임없이 희생과 노력으로 전승되는 것이다. 좋은 문화와 나쁜 문화가 따로 있는 것도 정해진 것도 아니다. 명예로운 면과 비난받을 면을 모두 갖고 있으며, 명예로운 점은 적극적으로 자랑할 것이며, 비난받을 점은 반성하면 된다. 내 식으로 말하자면, 도처에 널려 있는 한국의 탑은 명예롭기 그지없었다.

고유섭은 피를 본다. 전통 속에 흐르는 뜨거운 피를 보았고, 그 피가 바로 문화와 예술을 일으키는 것을 보았다. 그 피를 얻고자 제 몸속 피가 멈추는 것을 내버려 두었다. 전통의 피는 얻었지만 자신의 피를 돌리지 못했다. 고유섭의 피는 이렇게 문화라는 이름으로, 전통이란 이름으로, 예술이라는 이름으로 우리 속에 흐르고 있다.

불교의 진리를 얻기 위해 혜가가 팔뚝을 잘라 연잎에 놓아 달마에게 올린 것처럼 고유섭은 자신의 붉은 간을 평생소원이었던 조선미술사 위에 올려놓았던 것이다.

---

14. 『고유섭 전집』 2, 32.

해방의 기쁨을 나누지 못하다

태평양 전쟁의 분위기는 일본의 패망을 예측하게 했다. 이병도는 종로에서 우연히 만난 고유섭에게 귓속말로 '머지않아 우리의 세상이 곧 올 터이니 건강에 조심하라'고 한다. 고유섭도 이를 알고 있었다. 황수영은 회고한다.

> 최후 병석에 계실 때 선생의 가장 큰 초심사焦心事, 애타는 관심사는 이 나라 장래에 대한 심려深慮였다. 병석에서 신문을 읽으라고 최촉재촉하시며 일본의 항복과 이 나라의 신생新生은 시간적 문제라고 말씀하셨던 것을 내가 들은 것도 한두 번이 아니었다. 그 후 1년, 과연 이 땅에는 새로운 역사의 날이 전개되었고 일본인들은 섬 속으로 쫓겨 갔다.[15]

비너스의 탄생처럼 천사의 반주가 들리기는커녕 광명과 싸우는 메피스토펠레스의 고민하는 모습에 가깝다는 고유섭의 조선미술사였다. 소학교 때부터 조선미술사가 나오길 기다렸고 스스로 쓰자고 결심한 것이 대학시절부터다. 고유섭의 표현대로 "푸른 하늘에 오르는 것보다 어려운難於上靑天"[16] 조선미술사였다.

이렇게 절박한 심정은 어디서 나왔을까? 비슷한 시절의 박종홍도 조선미술사를 쓰다가 석굴암을 보고는 아무 말도 할 수 없어 붓을 꺾고 철학공부를 시작했다. 당시 젊은이들은 왜 조선미술사에 매달렸을까? 나는 그것이 모두 식민지인으로서 자긍심 회복과 관련이 있다고 생각한다. 조선의 미술을 제대로 드러내는 것은 조선문화의 고매성

15. 『고유섭 전집』 2, 405.
16. 『고유섭 전집』 2, 406.

과 선진성을 만천하에 알리는 일이었다. 그렇다고 해서 조선의 사상을 직접적으로 드러내기는 식민지 상황에서 쉽지 않았다. 그러나 미술사는 작품이 있고 증거가 있어 그 수준을 직접적으로 표상할 수 있다. 미술사만큼 조선인의 정신과 문명을 드러내는 데 좋은 것이 없다. 그 나라를 보려면 박물관을 가보라 하지 않던가. 정치는 빼앗겨도 예술은 빼앗기지 않는다.

광복을 꿈꾸는 당시 지식인의 소망과 열정을 고유섭도 고스란히 품고 있었다. 1934년 5월 7일 진단학회에 발기인으로 참가한 사람이 고유섭이었다. 그가 죽고 책의 서문을 써준 이병도와 이희승도 발기인이었다. 주로 한국사가 많았지만, 이희승과 최현배 같은 국어학자들이 발기인이 된 것은 국어의 확립이 조선의 맥을 세운다고 생각했기 때문이다. 이후 탄압정책으로 일제에 의해 이희승 등이 체포되어 옥고를 치른다.

이희승은 조선의 말을, 이병도는 조선의 역사를, 그리고 고유섭은 조선의 미술을 자신만의 독립운동으로 벌이고 있었다. 일본인이 조선에 대해 더 잘 아는 데 자극받아 세운 학회가 바로 진단학회다. 고유섭은 조선일보 인터뷰에서 이렇게 말한다.

여기에 우리가 생각할 것은, 조선 것이라고 우리가 더 사랑하고 더 이해하고 남보다 더 깊이 연구도 하여야 할 것은 생각하면서도 누가 그리 힘있게 연구하는 이가 있습니까. 더구나 이 방면에 연구자가 적은 것은 유감입니다. 물론 우리 것이라고 해서 우리 조선 사람이 아니면 안 된다는 이유는 없을 것이나 너무도 우리 조선 사람으로 우리 것에 대한 연구가 뒤떨어져서는 부끄럽기 짝이 없습니다. 단순히 부끄럽다는 것뿐이 아니고 조선 사람으로서야 남보다 한걸음 더 나아가서 깊은 곳에까지 연구가 될 수 있는 점도 있을까 합니다. 즉 옛사람들의 가슴에 흐르는 정서

를 뒤이은 자이기 때문에.[17]

우리가 해방을 1년 앞두고 죽은 고유섭에 마음 아파하는 것이 이것이다. 오직 이런 연유에서라도 우리는 그를 연구할 도의와 의무감을 느낀다. 고유섭은 그만의 전쟁을 치르고 있었다. 그의 이와 같은 열정은 마침내 황수영, 진홍섭과 같은 경제학도를 미술사학자로 만들고 최순우와 같은 문학도를 박물관인으로 이끌었다.

청년 고유섭

우리에게 남아 있는 고유섭의 사진은 청년 그대로다. 삼십대의 모습이다. 그래서 고유섭은 영원히 늙지 않는다. 그는 더 이상 늙을 수 없다. 그런데 젊은 고유섭은 진지하고 엄숙했다. 식민지의 분위기라서 그런지, 지병이 있어서 그런지, 의무감에 짓눌려서 그런지, 그래야만 무엇인가 이룰 수 있다고 생각해서 그런지, 그는 항상 무거웠다. 삶도, 예술도 그랬다.

예술을 유희같이 생각하는 사람이 누구냐. '유희'라는 말에 비록 '고상한 정신적'이란 형용사를 붙인다 하더라도 '유희'에 '잉여력의 소비'라는 뜻이 내재하고 있다면 예술을 위하여 용서할 수 없는 모욕적 정의라 할 수 있다. 예술은 가장 건실한 생명의 가장 충실된 생산이다. 건실한 생명력에 약동하는 영원한 청년심靑年心만이 산출할 수 있는 고귀하고 엄숙한

---

17. 『고유섭 전집』 4, 466.

그런 것이다. (…) 예술은 가장 진지로운 생명의 가장 엄숙한 표현체가 아니냐.[18]

고유섭은 격렬한 어조로 예술의 진지함을 논한다. 그런데 그가 예술의 진지함을 말하는 데에는 생명의 진지함이 전제된다. 태어나고 죽는 것은 한 길이다. 삶은 죽음의 시작이다. 삶은 죽음을 위해 있다. 죽음은 삶의 끝이자 처음이다. 그렇기 때문에 예술은 엄숙하고 진지한 것이다.

그렇다고 해서 고유섭이 윤리적으로 고지식했다는 것은 아니다. 그는 엄격한 자신이 윤리적으로 해석되는 것을 거부했다. 고루한 윤리보다는 생동하는 예술을 바랐다. 우리의 조상들이 발랄한 생명을 윤리적인 편견에 빠져 말라죽게 만든 것을 원망한다. 유교 윤리에 의한 생명의 고사枯死를 한탄한다.

우리는 윤리적이기 전에 먼저 생명적이어야 하겠다. 자유로운 생명 그 자체에 약동하고 싶다. 생냉을 잃은 윤리는 절대악 이외의 아무것도 아니다.[19]

고유섭에게 예술은 진정한 생명 그 자체이어야 했다. 윤리는 가식과 허위를 가져다줄 뿐이다. 위대한 예술은 윤리를 무시하듯이, 영원한 자유인만이 예술을 창조한다.

고유섭은 일찍 죽어 영원한 젊음을 얻는다. 그가 늘 부르짖던 '영원의 현금現今'을 얻는다. 영원의 현금은 '찰나의 완성'을 꾀한다. 고전이

18. 『고유섭 전집』 4, 361.
19. 『고유섭 전집』 4, 361.

'영원의 신생新生'이듯이 고유섭의 이상도 '영원의 새것'으로 남는다. 생명을 빼앗아간 일제의 압박에서 벗어나 신생의 조선에 영원한 신생으로서 예술을 선사한다.

숙명론을 넘어서

미적 가치가 변하는가? 인간의 본성이야 바뀌겠냐마는 무엇을 아름답다고 여기는 자세와 태도는 바뀐다. 이를테면 유행이라는 것이 그렇다. 원론적으로 그것은 인간의 모방심리와 익숙함에 대한 추구와 관련 있는 것으로 보인다. 치마의 모양과 길이가 그렇고 머리꾸밈이 그렇다. 여자들만의 일이 아니다. 현대 산업사회에 오면서 상품의 획일화로 남자의 옷도 넓었다가 좁아지거나 길었다가 짧아지는 것이 눈에 띈다. 전통사회가 느리게 바뀐 데 반해 현대사회는 그 속도가 매우 빠를 뿐이다. 색깔조차 유행색이 있으니 따라가기 바쁘다.

윤리보다는 생명의 약동을 이상으로 삼고, 피를 통해 전통을 계승하고, 예술을 통해 독립과 영겁을 누리고자 한 고유섭은 미적 가치의 변화에 자유로웠을 뿐만 아니라 그에 대해 적극적이고 능동적인 태도를 지닌다. 그는 그것을 '영원 속의 새것'이라고 정의한다.

그것은 '영원의 지금에서 늘 새롭게 파악된' 것이다. 그곳에 벌써 문화가치 문화재로서의 기초적, 근본적인 규범인 보편성, 특수성, 변이불변變而不變, 변하면서도 변하지 않음 내지 비불변적비변非不變而非變, 변하지 않음이 없으면서도 변하지 않음적 특질이 있는 것이다. 그러므로 풍토성, 민족성 등 일반이 생각하고 있는 문화형성의 요소들이란 것은 요소들이긴 하나 시비평등是非評騰, 시비평가 즉 가치론의 대상이 되는 것은 아니다. 그 중에도 민족성의 주체인 민족이란 역시 가치형성의 주체이긴 하나 가치평등가치평가의 대상은 아닌 것이다. 가치평등의 대상이 될 것은 그들로 말미암아 형성된 문화 그 자신에 있고 민족 그 자체에 있는 것은 아니다.[20]

이런 고유섭의 태도에서 나는 그가 과연 미학자의 길을 걷고자 했음을 발견한다. 특수성은 말할 수 있지만 그것은 보편성과의 관계에서 다뤄야 한다는 것이다. 그런데 보편성을 강조한 듯한 이 말은 오히려 이렇게 정리된다.

첫째, 늘 새롭게 파악되어야 한다. 곧 미적 가치는 변화한다.

둘째, 민족성을 내세우면 특수성에 치우치게 된다. 조선민족을 지나치게 특수화시켜 논의하지 말라.

셋째, 민족 자체가 가치평가의 대상이 될 수 없다. 조선인의 민족성을 고정화시키지 말라.

넷째, 문화는 가치평가의 대상이다. 명예로운 점과 비난받을 점을 모두 고려하라.

고유섭은 비평지로서 미의 보편성을 내세우면서도 당시 상황 속에서 조선을 특별하게 고착화시키는 것을 저어한다. 다시 말해, 위의 네 가지 정리는 모두 '조선은 이렇다', 그래서 '이럴 수밖에 없다'라고 정의하는 것을 우려하는 발언이다.

이러한 정률적인 것엔 즉 숙명적인 것엔 문화가치가 있는 것이 아니다. 문화가치란 비정율적이요, 비인과율적이요, 비기계적이요, 비논리적이요, 비고정적인 데 있는 것이다.[21]

20. 『고유섭 전집』2, 32~33.
21. 『고유섭 전집』2, 32.

고유섭은 자연적, 인과률적, 기계론적 설명을 철저히 부정한다. 자연이 이러니 사람도 이렇다는 식의 설명은 안 된다는 것이다. 사람으로서 어찌할 수 없는 자연적인 지연이나 혈연 같은 요소로 우열을 나누고 희비에 빠지는 것은 가장 어리석은 짓이다. 자연 또는 신이 내려준 숙명적인 요소는 설명은 가능할지라도 가치판단을 해서는 안 된다. 그것은 자연과학의 대상이지 문화과학의 대상이 아니다. 따라서 고유섭은 우리의 노력으로 이루어질 수 있는 바가 많다고 여긴다.

> 가치적으로 앙양에 노력할 때 그 민족은 명예의 자리 위에 올라앉게 되며 그렇지 아니할 때 비난의 구렁에 떨어지게 될 뿐이다. 이런 뜻에서 우리가 낳은 문화는 어떠한 명예로운 일면을 가지고 있는가 또는 어떠한 비난될 일면을 가지고 있는가, 이 두 점을 항상 반성하여 그곳에 적극적 자신과 신념을 얻는 동시에 개과천선할 겸양된 일면을 늘 가져야 한다.[22]

당시 고유섭이 목도하는 조선에 대한 평가는 두 방향 가운데 명예가 아닌 비난이었다. 따라서 고유섭은 보편성을 논함으로써 비난을 버리고자 한다. 그러면서도 명예의 방향을 선택하여 '적극적인 자신과 신념'을 얻고자 하는 것이다.

부끄럽게도 우리 시절까지도 유행하던 단어가 '노예근성'이었다. 한국 사람은 노예근성이 있어 지배를 받아야 한다는 것이다. 학교 선생님들조차 입에 달고 살았으니 식민지 교육의 폐해는 엄청난 것이었다. 근성根性 곤조이라는 단어를 요즘은 '프로 근성' 정도로 어떤 특정한 성질이나 성격을 가리키지만 1960, 70년대의 근성은 '거지 근성'으로

---

22. 『고유섭 전집』 2, 33.

자주 쓰였다. 근성은 본성이다. 어찌하여 노예의 본성이 있단 말인가? 그래, 노예가 노예에게 노예근성을 말하는 모순은 어디서 나오는가? 자신도 한국 사람이면서 자신만은 노예의 근성을 벗어났단 말인가?

고유섭도 노예근성이라는 말을 상대화시켜 쓴다. 식민지 교육이 건네준 더러운 유산을 극복하고 싶었던 것이다.

> 자신이 과하면 과대망상의 무절제에 떨어지기 쉬운 것이며 겸양이 지나칠 때 비굴한 노예근성에 사로잡히게 되는 법이니, 이 두 면을 활착活捉할 필요가 있다.[23]

여기서 활착은 '잘 살려 잡으라'라는 뜻으로 들린다. 과하지도 말고 모자라지도 말아라. 과대망상도 아니 되고, 노예 의식도 아니 된다. 긍정과 부정이라는 두 면을 잘 살펴 자리매김하자. 그래야 조선의 문화를 죽은 것이 아니라 산 채로 생생하게 잡을 수 있다. 살아 있으니 영원으로 나가며, 살아 있으니 새것이 된다.

조선 미술의 특징과 우리말 평어

이제 고유섭이 제시하는 조선 미술문화의 특징을 말해보자. 놀라운 자신과 신념이 드러난다. 지나칠 수 있는 것을 적극적으로 옹호하고 잊어버린 것을 능동적으로 복원한다. 낮은 것이 올라가고 가벼운 것이 무거워진다. 스스로 말한 기치의 앙양昻揚이다. 스스로는 과대망상과 자기비하 그 모두를 경계하고 있지만, 조선 미술의 특징을 설명하

---

23. 『고유섭 전집』 2, 33.

는 것 자체가 사기진작士氣振作, 여기서 사는 전사(戰士)의 사다 또는 사기앙양의 길임은 쉽게 드러난다. 시원찮은 것은 말할 필요조차 없는 것이기 때문이다. 그렇기 때문에 고유섭은 이른바 문사文士라고 하는 사람들의 미술문화에 대한 몰이해를 한탄한다. 말로만 '문자향文字香, 서권기書卷氣'만 외치고 관심을 주지 않으면 문필문화文筆文化조차 아무것도 아닌 것이 되고 만다는 것이다. 이른바 '문화성文化性'의 붕괴다.

게다가 고유섭의 어휘는 우리말의 아름다움을 그대로 살린다. 언어의 의존은 사상의 의존이다. 사상의 의존은 정신의 의존이다. 고유섭이 끊임없이 시도하는 우리말 평어評語의 개발은 정말로 우리 문화를 사랑하지 않고는 불가능한 것이다. 그리고 그 뒤에는 말할 수 없는 자신감과 의무감이 뱀이 똬리 틀듯 자리 잡고 있었다.

고유섭은 조선 미술문화의 성격을 이렇게 정리한다.

첫째, 상상력과 구성력의 풍부함이다. 일본과 중국의 건축은 각 부분의 세부비례가 수학적으로 맞아떨어지지만 조선의 건축은 그렇지 않다. 일본과 중국의 네모난 건축은 절반만 실측하면 나머지 절반은 저절로 계산이 나오는데, 조선의 건물은 그렇지 않다. 사찰건물도 비대칭적이며 창살무늬도 모두 다르다. 그런데 진실성이 떨어지면 '멋'이 아닌 '군짓'이 되고 자칫 잘못하면 '거들먹거들먹'하는 부화성浮華性, 겉멋이 되고 만다.

고유섭은 상상력이나 구성력이라는 말로 어렵게 말하지만 내용은 정말 쉽다. 우리는 참으로 멋을 부릴 줄 안다. 상상력이 풍부하고 그 상상력을 현실화시키는 구성력 때문에 우리의 멋이 나온다. 그런데 그 멋이 진실 되지 않게 공연히 멋을 부리면 '군짓'이 되고 결국은 참멋이 아닌 '겉멋'[24]이 된다. 군짓과 겉멋에 빠지지 않는 참멋을 좇는

24. 나의 말이다. '겉치레'라고 해도 좋겠다. '겉멋'은 '참멋'이라는 말과 섞이는 부분

것이 우리의 미술문화다.

줄인다. 그것은 '군짓과 겉멋이 없는 참멋'이다. 이를 위해 대칭적이지 않은 자유분방함이 개입된다. 군짓은 공연한 멋부림으로 '하지 않아도 되는데 하는 데'서 나오니 우리는 겉멋을 부리지 않는다. 상상력과 구성력이 풍부하면서도 군짓과 겉멋이 없는 우리의 아름다움이다.

둘째, 구수함이다. 구수함은 순박, 순후한 데서 오는 큰 맛이다. 날카롭거나 뾰족한 데는 이런 맛이 없다. 그것은 공간적인 입체성을 지니면서도 시간적인 느긋함을 지니는 데서 온다. 고유섭은 이를 심도에서 온축되고 속도에서 완만하다고 말한다. '신라의 모든 미술품에서 현저히 느낄 수 있는 맛이나 조선 미술 전반에서도 느끼는 맛'이라고 한다.

이는 일종의 원만함이다. 불교식으로 말하면 원융성圓融性이다. 그런데 그 구수함이 실현되는 것을 공간과 시간의 절묘한 조합으로 설명한다. 고유섭은 심도와 속도라고 표현하는데 이는 공간과 시간을 가리킨다. 심도는 공간의 가까움과 멀어짐에서 생기고, 속도는 시간의 빠름과 느림에서 생기기 때문이다. 그런데 그런 느림은 단순한 속도의 느림이 아니기 때문에 '느긋함'[25]으로 해석된다.

줄이면 구수함은 느긋함이다. 선이 빠르거나 초싹대는 것 없이 흐르면서 순박하고 후박한 멋이 난다. 따라서 자신이 놓인 공간을 점유하면서도 안정적이며, 급하지 않게 시간을 담아 여유롭다. 고유섭은 구수

이 있어 조심스럽다. 그런데 겉치레는 오히려 '군짓'과 통하는 것이 있어 겉멋이 고유섭의 부화성에 걸맞다.

25. 나의 말이다. 속도의 질속(疾速) 곧 요즘말로 하면 쾌속에 반대되는 완만함에 적절한 우리말은 '느긋함'이다. 완만(緩慢)함은 실과 같이(緩) 마음이 처짐(慢)을 가리키는 것으로 꼭 쪼이지 않는 '늘어짐'이다. 그러나 늘어짐은 심리적인 상태인 느긋함과는 달리 부정적인 뜻이 많아 온전하게 완만의 뜻을 담지 못한다. 운전을 느릿느릿 늘어지게 하라고 하지 않고 찬찬히 느긋하게 하라고 하는 것과 같다.

− 고유섭: 한국 현대미학의 탄생

함이 미술적 승화를 얻지 못하면 '텁텁하고 무디고 어리석고 지더리고 경계가 흐려지며, 심하면 체면 없고 뱃심 검은 꼴이 된다'고 꼬집는다.

셋째, 고소함이다. 고유섭은 '고수'하다고 하는데 현대 어법에서는 구수함보다 상대적으로 어감이 작은 말은 고소함이니 고소함으로 바꾸는 것이 옳겠다. 이는 적은 것에 응결된 감정이다.

이를테면 조선시대 백자의 색택色澤, 윤기나 광택에서 고소함을 느낀다. 겉으로 볼 때는 단순히 백색 하나 같은데 여러 요소가 안으로 응집되고 동결되어 있다. 구수한 맛이 전체적으로 보이는 특징이라면 고소한 맛은 안으로 응축되는 특색이다. 고유섭은 재밌게도 이를 '호두, 잣, 건어물, 참기름'으로 말하는데, 적당한 비유다. 호두와 잣은 딱딱한 껍질 속에 감춰진 맛있는 과실이고, 건어물은 북어포와 같이 물기를 말림으로써 진미를 느끼게 해주며, 참기름은 참깨나 검은깨를 짜서 만든 향기로운 기름이다. 그 모두 고소한 맛이다. 고유섭식으로 말하면 '고솝다'.

줄여보자. 구수함은 안팎에서 느끼는 맛이며 고소함은 안팎이 아닌 그 속에서 느끼는 맛이다. 구수함은 겉에서 바로 느낄 수 있는 맛이라면 고소함은 씹고 또 씹어야 나오는 맛이다. 고유섭은 겉의 맛을 '훈기薰氣'라고 부르고 속맛을 '응집된 풍미'라고 부르면서, 고소함이 '예술적 발양을 얻지 못할 때 그것은 고루하고 빡빡하고 윤기 없고 변통성 없고 응체스러운 것이 된다'고 지적한다. 한마디로 '속맛'[26]이다.

넷째, 맵자함이다. 국어사전에 '맵자하다'는 '모양이 제격에 어울려서 맞다'라고 푼다. 고유섭은 이를 고소함에 대응하는 멋이란 것의 유

---

26. 나의 말이다. 씹고 씹어야 나오는 맛이니만큼 '깊은 맛'이기도 한데 그렇다고 해서 '구수함'이 '깊은 맛'이 없는 것은 아니다. 비교하자면 훈기처럼 풍도에 서리는 맛과는 다른 '속맛'이다.

형이라 정의한다. 그러면서 맵자함은 맵시에서 온 것이기 때문에 멋처럼 사람의 자태에서 온 것이란다. 고유섭은 이를 '얌전스럽고 탐탁하고 짜임 있고 조그마한 것에 대한 형용'이라면서 고려자기에서 증명한다.

비교하자면 구수함은 큰 맛으로 그것을 멋으로 말하자면 공간적으로 발산하고 유동하지만, 고소함은 작은 맛으로 맵시와 마찬가지로 공간적으로 범위가 좁다. 그리하여 맵시를 얻지 못하면 조형적인 결함이 생기는데, 한마디로 맵자하지 못한 것은 곧 헐거운 것이 된다. 뒷손질이 모자란 결함이 여기서 나온다.

줄여 말해, 맵자함은 맵시를 얻은 것을 말한다. 맵시 있게 옷을 입었다는 것은 모양이 제격에 맞았다는 것으로, 맵자함은 고소함처럼 공간적인 집약에서 드러난다.

고유섭은 조선과 이조를 구별해 쓰기도 한다. 야나기도 그랬다.[27] 〈표1〉에서는 이런 혼란을 막기 위해 '한국'이라는 표현을 쓰기로 한다. 고유섭의 문장을 읽을 때 '조선'은 '한국'으로, '이조'는 '조선시대'로 치환해서 읽는 것이 더 명확하다.

고유섭은 이렇듯 잘된 때와 잘못되었을 때를 나누면서 미적 평형을 강조한다. 이는 참으로 독특한 관점이다. 미추로 나누는 것이 아니라 어떤 특질이 '발양되었을 때와 그렇지 않을 때'로 나누기 때문이다. 발양되었을 때는 미가 되지만 그렇지 못하면 추가 된다는 것은, 미추가 실체적으로 고정되어 있지 않고 예술품에서 발현될 때에야 미 또는 추를 얻는다는 주장이다. 이는 미학적 실체론이 아니라 미학적 기능

---

27. 야나기는 전반적인 한국의 예술과 조선시대의 예술을 구별하기 위해 이조라는 말을 쓰고 이를 구체적으로 밝히기도 한다. 유교에서 성씨를 앞세우는 조대명은 일반적으로 쓰였다. 따라서 이조(李朝, 이씨조선)라는 말을 반드시 식민지 어휘로 보기는 어렵다.

〈표1〉 한국 미술문화의 네 가지 성격

	1. 멋 부리지 않은 멋	2. 구수함	3. 고소(고수)함	4. 맵자함
특징	• 상상력, 구성력의 풍부 • 비산술적비대칭적	• 순박, 순후 • 온축, 완만	• 작(적)은 것 • 안으로 응집동결된 풍미	• 조그마한 것 • 공간적 범위가 좁음
상대적 성질	산수算數적	• 예각날카로움, 규각 쁘족함, 표열漂冽, 찬 디찬 바람 • 얄상궂음얄쌍, 얄팍, 천박, 경망, 교혜巧慧	• 구수함 • 안팎 없이 훈연한 풍미	• 산발적 • 공간적으로 유동
고유섭의 다른 표현	멋	큰 맛	작은 맛	맵시
잘되면	다양성, 다채성으로의 기교적 발양	• 심도에서 입체적 온축깊이 쌓아둠 • 속도에서 질속疾速, 쾌속과 반대되는 완만	응결된 감정	얌전스러움, 탐탁함, 짜임 있음
잘못되면	• 허랑한 멋 • 군짓기야 이방운의 산수, 거들먹거들먹, 부화성, 부허성, 허랑성, 무통일성, 무중심성	텁텁함, 무딤, 어리석음, 지더림더럽고 야비함, 경계 흐림, 체면 없음, 뱃심 검은 꼴	고루함, 빡빡함, 윤기 없음, 변통성 없음, 응체凝滯, 막힘.	• 행동적, 자태적으로 헐거움 • 조형적으로 뒷손질이 충분하지 못함
이를테면	• 불국사의 건축평면, 돌다리, 다보탑 • 고려 만월대 궁전 평면 • 사찰건물의 창호 영자櫺子, 격자무늬 창살	신라의 모든 미술품 (조선 미술 전반)	조선백자의 색택겉으로는 하얀색이지만 빛나는 윤기와 광택	고려자기의 일부
요즘 말로 바꾸면	참멋	느긋함	속맛	짜임새

※ 「조선미술문화의 몇낱 성격」, 『고유섭 전집』2, 33~35 참조.

론이다. 고유섭의 다른 말로 하면 '멋, 큰 맛, 작은 맛, 맵시'라는 한국 미술의 네 가지 특징이 잘 드러날 때도 있고 그렇지 않을 때도 있다는 것이다. 따라서 '멋, 큰 맛, 작은 맛, 맵시'가 '멋 부리지 않은 멋, 구수한 맛, 고소한 맛, 맵자함'을 제대로 얻을 때는 훌륭해지지만, 그렇지 않을 때는 '군짓, 무딤, 빡빡함, 헐거움'으로 엉망이 된다.

그런 점에서 '멋, 큰 맛, 작은 맛, 맵시'는 조선(한국)예술을 평가하는 기준이고, '멋 부리지 않은 멋, 구수한 맛, 고소한 맛, 맵자함'은 그 예술적 발양이며, '군짓, 무딤, 빡빡함, 헐거움'으로 대표되는 겉멋, '늘어짐, 답답함, 마무리 짓지 못함'이 그 예술적 실패다. 고유섭은 예술적 발양이라는 말을 예술적 승화정확하는 '미술적 승화'로도 쓴다.

고유섭은 조선 예술의 참멋, 느긋함, 속맛, 짜임새는 예술적으로 성공할 수도 있고 미완에 그칠 수도 있음을 개방적으로 전제한 다음, 다시 평가의 언어를 제시한다. 그의 평어가 한정적이거나 단선적이지 않고 개방성을 지향한다는 점은 매우 놀랍다. 미적 성취와 실패가 닫혀 있지 않고 열려 있다. 노력하고 추구하면 참멋, 느긋함, 속맛, 짜임새를 얻지만 그렇지 않으면 그것들을 잃고 만다. 고유섭 앞에서 미적 결정론은 힘을 쓰지 못한다.

구수함과 맵자함

고유섭은 '멋 부리지 않은 멋, 구수한 맛, 고소한 맛, 맵자함' 가운데에서도 구수함과 맵자함을 특별히 비교한다. 그것은 고유섭의 틀이 '멋'과 '맛'으로 설정되어 있기 때문으로 보인다.

맵자함은 고소한 맛과 같이 공간적으로 작은 영역이기도 하지만, 한편 맵시와 관련되기 때문에 멋과 이어진다. 다시 말해 맵자함은 작기 때문에 '고소함'이라는 맛과 연결되고, 어원적으로 '맵시'에서 온 것이므로 멋의 유형에 속한다. 그래서 맵자함이 '멋 부리지 않은 멋'과 '고소한 맛'이라는 멋과 맛을 대표하는 기준으로 제시된다.

맵자함은 유동적이고 발산하지 않는데 그와는 성질이 완연히 다른 구수함은 큰 맛이며 공간적인 여유로움을 갖는다. 한마디로 구수함은 큰 것이고 맵자함은 작은 것이다. 맵자한 것이 자태나 행동에서의 멋이라면 구수함은 상상력이나 구성력의 풍부에서 오는 풍격이다.

이렇게 말하는 것이 좋겠다. 맵자함은 공간적인 특징을 지니지만 구수함은 시간적인 특징을 지닌다. 맵자함은 공간 속에서 얌전한 것이지만 구수함은 시간 속에서 느긋한 것이기 때문이다.

구수함이 날카로움이나 뾰족함과 상대될 때는 공간적으로 들리기 쉽지만, 심도를 주면서 차곡차곡 쌓아나가는 것은 시간 속에서 이루어지는 일이기 때문에, 형식적으로는 공간적이지만 내용상으로는 시간적이다. 무엇인가 만들어 공간 속에 툭 던져놓는 것이 아니라, 시간을 들여 이곳저곳에 쌓아놓는 것이 다름 아닌 '입체적 온축'이다.

우리의 예술은 단아하면서도 온축蘊蓄, 깊이 쌓아둠되어 있다. 우리의 예술은 절도미가 있으면서도 따뜻하다. 우리의 예술은 단정하면서도 넉넉하다. 우리의 예술은 새초롬한 처녀의 마음과 어머니의 온아한 손길을 담는다. 우리의 예술은 작다고 엉성하지 않고 크다고 널브러지지 않는다. 허리를 꼿꼿이 세운 맵자함과 가슴을 열고 받아들이는 구수함이 함께 어우러져 있는 것이 바로 우리의 예술이다. 이렇게 우리의 예술에서는 형태적인 맵자함과 속도에서의 느긋함이 공간과 시간 속에서 드러난다. 구수함은 큰 맛이기 때문에 공간적인 심도를 갖기도 하지만, 맵자함이라는 단아한 모습과 더불어 있을 때는 온아한 성질로 그것의 버팀목이 된다.

고유섭은 맵자한 고려청자와 구수한 신라미술을 보았다. 그리고 그

온아함은 신라미술만이 아니라 조선의 예술 전체에 흐르는 것으로 여겼다. 나의 말로 바꾸면, '참멋'을 지니려면 '짜임새'가 빠질 수 없으며, '짜임새'를 지닌다고 해서 '느긋함'을 잃으면 안 된다. 이렇게 우리의 예술은 맵시 있는 큰 맛이다. 우리는 멋 부리지 않은 듯 멋을 부린다.

〈표2〉 한국예술의 우수한 특색: 맵자함과 구수함

맵자함	구수함
멋과 작은 맛	큰 맛
단아端雅	온아溫雅, 온화(溫和)
형태적으로 작은 데서 나온 풍도의 한 맛	형태적으로 큰 데서 나온 풍도의 다른 의미
온아, 단아함이 예술적 발양을 못 얻을 때: 조대粗大, 조추粗麤, 난잡亂雜, 궤약跪弱■ – 거칠게 크기만 하고, 정리되지 않은 채 어지럽고, 주저앉은 것처럼 나약함영성함, 조악함, 난잡함	
단색적: 색채적으로 다채적이면 안 됨 – '멋쟁이'여서는 안 됨	
직박質朴, 담소澹素, 무기교의 기교■■	
예) 여인의 복식, 조선의 공예	

※「조선미술문화의 몇낱 성격」,『고유섭 전집』2, 35~36 참조.

- ■ 고유섭이 조추(粗麤)라고 하는 것은 추가 크면서도 거침을 뜻하기 때문이다. 여기서 추는 미추의 추(醜)와 통한다. 그런 점에서 조추는 조악(粗惡)한 것이다. 조대(粗大)와 조추는 모두 크기만 하고 못생긴 것을 가리킨다. 그리고 궤약(跪弱)은 궤가 꿇어앉는 것이기 때문에 비굴한 모습을 가리킨다. 고유섭은 이를 겸양이 지나칠 때 나오는 비굴함으로 말했다.
- ■■ 이 부분이 상당히 노자적이다. '소박(素朴; 素樸)', '염담(恬淡)', '하지 않으면서도 하지 않음이 없음(無爲而無不爲)'이라는 노자의 어휘와 관점을 떠올려보자. 고유섭의 호인 '우현(又玄)'이 바로『노자』의 제1장에서 나온다. '검고도 검다(玄之又玄).'

하여 느긋하면서도 맵시가 넘친다. 그것은 단아한 여인의 온아한 손
길이다!

적조미

조선은 색채적으로 매우 단색적이다. 당삼채唐三彩와 같이 시대별로
여러 색깔을 사용한 적이 없다. 삼채, 오채, 칠채, 경태람景泰藍[28] 같은
것이 우리에게는 없다. 그래서 그것이 바로 적조미를 띠게 된다. 단조
로우면서도 명랑하다.

> 감각적으로 단채單彩적이나 또한 명랑한 것은 담소淡素란 것인데 그것은
> 정서적으론 적료寂廖, 적막하고 공허함에 치우치기 쉬운 것이다. 적료의 예
> 술화된 것을 필자는 일찍부터 '적조미寂照美' 또는 '적미寂美'라는 술어로
> 서 형용하였는데, 이것은 순전히 감각적이요 심리적이요 정서적인 것으
> 로서 조선 미술의 커다란 성격의 하나이다.[29]

고유섭은 적조미가 불교문화권의 보편적인 성격이지만 '조선만큼은
사상적으로 탐구하여 얻은 외부적인 것이 아님'을 분명히 한다. 그것
은 생활에서 얻어진 것으로 육체와 혈액 속에 흐르는 우리의 성격이
다. 적조미는 조선예술에 대한 여타의 미적 기준을 통틀어 말하는 것

---

28. 중국의 법랑 공예다. 일곱 가지 색을 써서 칠보라고도 불린다. 명 경태(景泰) 연
    간(1450~1457)에 유행했다. 남색(藍色)이 특히 눈에 띄어 경태람이라는 이름을
    얻었다. 바탕의 색깔로 짙은 남색보다 밝은 남색을 썼기 때문에 우리의 하늘색에
    가깝다. 코발트블루로 일반적으로 소개되는데 스카이블루에 가깝다.
29. 『고유섭 전집』 3, 36.

인데, 여기에도 '예술적인 고양'이 필수적이다. 그리고 그 적조미는 슬픈 것과는 전혀 다른 것이다.

> 그것이 예술적 고양을 얻었을 때 예술 자체로서도 비로소 최고의 그 생명적 내오內奧, 내적 오묘함의 깊이를 이루게 되나, 그렇지 못하고 흘려버릴 때 애통한 곡조로 떨어지게 된다. 이것은 벌써 예술적 가치를 떠난 세계의 아름답지 못한 성격이다.[30]

보라. 고유섭이 말하는 적조미는 슬픔이 아니다. 예술적으로 승화되지 않았을 때나 비통하다. 애통한 곡조로 떨어진 예술은 예술적 발양을 얻지 못한 것이다. 심지어 예술적 가치도 없고, 아름답다고도 할 수 없는 것이다.

여기서 우리는 고유섭과 야나기의 정면충돌을 마주한다. 고유섭의 주장은 '비애의 미'는 그 자체로 성립될 수 없는 모순이다. 비애의 미는 적료함이지 적조함이 아니다. 바로 위에서 말했듯이, 적조미 또는 적미는 민조로우면서도 명랑하다. 적조는 고요히 바라보면서도 비추는 것이다. 나는 고요히 바라보며, 만물을 나의 고요함으로 비춘다. 내가 고요해야 남을 비출 수 있다. 『장자』에 나오듯 자신이 고요할 때 만물이 스스로 드러난다. 장자는 말한다.

> 지인의 마음 씀은 거울과 같아서, 나아가고자 하는 것도 없고 맞이하는 것도 없으며, 마주해도 쌓아놓지 않는다.[31]

30. 『고유섭 전집』 3, 36.
31. 『장자』, 「응제왕」.

성인의 마음은 고요하도다. 천지의 거울鑑이자 만물의 거울鏡이다.[32]

나에게 머무는 것이 없으니 만물이 스스로 드러난다. 그 움직임은 물과 같고, 그 고요함은 거울과 같고, 그 마주함은 메아리 같다.[33]

물이 출렁거리고 거울이 흔들리면 제대로 비춰볼 수 없다. 나의 마음을 고요하게 만들어야 만물이 나를 통해 자신을 비춘다. 고유섭이 말하는 것은 이러한 적조이다. 그 적조함은 적료함과는 거리가 멀다. 적조미는 적료의 지양이자 극복에서 나온다.

아무리 적료해도 그것을 예술화시키면 아름다움이 나온다. 적료에서 나오는 애통은 예술화를 거쳐 명랑함으로 승화한다. 어지러운 다채에서는 그런 고요함을 찾을 수 없다. 다채는 격정이고 분노이자 욕망이다. 단채로 돌아왔을 때 그것은 만물을 비추는 고요함을 찾는다. 그것은 문자적인 개념성을 넘어 육체와 혈액에 흐르는 생명의 신비를 드러낸다. 사상이 아름다운가? 아니다. 생명이 아름답다. 불교의 적료는 단순히 애통에 머물지만, 조선의 예술은 그것을 예술화하여 명랑에까지 이른다.

기억하는가? 고유섭이 말한 조선 미술의 특징인 '어른 같은 아해'를! 누가 어른 같은 아이인가? 한국의 불상이다. 우리의 불상은 아이의 얼굴을 한다. 아이 같은 어른이 아니라 어른 같은 아이다. 아이의 마음에는 불심이 가득하다. 아이는 명랑하고 발랄하다. 우리의 불상도 발랄한 명랑성을 지닌다.

고유섭의 '체관적 전회諦觀的 轉回'라는 말을 상기하자. 버릴 때 얻는

---

32. 『장자』, 「천도」.
33. 『장자』, 「천하」.

〈표3〉 적료함에서 적조미로

적료(寂廖)함 →	적조미(寂照美) 또는 적미(寂美)
적막하고 공허함	고요함과 비춤, 고요한 비춤
다채多彩	단채單彩
사상적	육체와 혈액
예술적 가치 없음	생명의 내오內奧, 내적 오묘함
아름답지 못함	아름다움
불교의 보편적 성격인 적료	그 적료의 예술화
애통哀痛	명랑明朗

※「조선미술문화의 몇낱 성격」, 『고유섭 전집』 2, 36 참조.

다. 우리는 체념할 때 고차원의 경지에 다다른다. 적료는 예술적 전회
나 전향을 통하여 전조미로 상승하며, 그 쓸쓸함은 밝음으로 바뀐다.
예술을 통해 적막함이 유쾌하고 활달함으로 나아가는 것이다.

언어는 번역되어야

고유섭의 우리말이 생소한가? 그는 철저한 번역 찬성론자였다. 번
역되지 않는 글은 제대로 된 글이 아니다. 아무리 의미의 격차가 있더
라도 번역되어야 하고, 그 번역의 맥락에서 다시금 제대로 사유해야
한다. 고유섭은 번역을 말하면서 그저 용기를 바꾸어 담는 통속적 의
미에서의 번역도 아니고, 번역의 가능성과 한계성을 말할 때의 번역
도 아니라고 전제한다. 말과 생각은 동시에 진행되는 것이지 따로 노
는 것이 아니다.

그러므로 예컨대 알기는 아나 말할 수 없다는 것은 언표의 능력이 부족해서 그렇다는 것보다도 사고가 불충분해서 그런 것이다. 즉 덜 알아 그런 것이다. 원래 우리가 잘 생각한 것은 그대로 잘 말할 수 있는 것이다.[34]

「번역필요」라는 이 글에서 고유섭은 남의 나라 말에 적당한 것이 있어 빌려다 쓸 수는 있지만, 학술적 용어나 일상용어를 막론하고 이렇게 남의 말을 섞어 쓰는 것은 잠깐에서 그칠 일이라고 외친다. 계속된다면 그것은 생각을 자신의 피 속까지 끌어당기는 것이 아니다.

그러나 이것은 일시의 방편에 지나지 않는 것이요 내 피로서의 말이 아닌 만큼 그 사고란 것도 결국 내 피가 되어 주지 않는다.[35]

고유섭은 외국어를 쓰는 한 그것은 내 피가 될 수 없으며 그것은 불확실한 사고에 이르고 있을 뿐이라고 말한다. 나의 생각에까지 이르려면 반드시 나의 말로 바뀌어야 한다. 피들러Konrad Fiedler(1841~1895)의 주장처럼, 사고가 언어에게 말하라고 하는 것이 아니라 아직 만들어지지 못한 것이 최고조에 이르는 그곳에 말이 있게 됨을 고유섭은 믿는다.

가령 칸트의『판단력비판』을 원문대로 읽는다면 읽는 동안에 우리말로 우리말이 언표되는 형식대로 다시 엮어지지 아니하면 그것은 곧 나 자신의 피로서 사고를 형성치 못하는 것이다. 우리말로서 충분히 엮어짐으로 해서 칸트의 판단력비판으로 머물러 있지 아니하고 나 자신의 판

---

34. 『고유섭 전집』4, 364.
35. 『고유섭 전집』4, 364.

단력비판이 되는 것이다. 번역이란 결국 이 뜻에서 필요한 것이다.[36]

남의 생각이 되지 않고 나의 생각이 되려면 반드시 번역되어 우리말의 틀 속에서 생각되어야 한다. 그것이 '내 피로서의 사고'다. 물론 언어라는 재료가 한번 이루어지면 그것이 사고를 제한하게 되는 것은 말의 어쩔 수 없는 한계성이지만 그래도 번역은 필요한데, 조선에서는 이 방면의 활동이 매우 적음을 한탄한다.

이것은 요컨대 섭취능력의 미약을 말함이라. 즉 생활력의 미약의 징조이니 유감된 바의 하나라 아니 할 수 없다.[37]

이제 고유섭이 우리말로 예술의 평어를 만드는 까닭이 심정적으로 받아들여지는가? 그의 말은 그의 피였다. 그의 말은 조선의 피였다. 그의 말은 조선인에 흐르는 피를 담고 있었다.

가장 쉽지만 가장 많은 것을 담고 있는 그의 말을 보라. '멋, 큰 맛, 작은 맛, 맵시'라는 틀 아래, 좋은 길 쪽으로는 '멋 부리지 않은 멋, 구수한 맛, 고소한 맛, 맵자함'을 놓고 나쁜 길 쪽으로는 '군짓, 무딤, 빡빡함, 헐거움'을 놓는 그의 우리말을 보라. 말조차 아름다움을 뽐내지 않는가. '멋, 큰 맛, 작은 맛, 맵시'라는 틀을 '미적 범주'로, 좋은 길과 나쁜 길을 '방향'이라고 썼다가 고유섭에게 미안해서 한자말을 우리말인 '틀'과 '길'로 바꾸고만 나의 절실함과 엄숙함에서 그에 대한 존경심이 느껴지지 않는가. 오늘날 학자들도 떠나지 못하는 외국어 우선주의, 한자 우선주의 앞에 고유섭의 회초리가 느껴지지 않는가. 한국미

36. 『고유섭 전집』 4, 365.
37. 『고유섭 전집』 4, 366.

는 한국어로 표현되어야 한다는 그의 신념 앞에 누가 반론을 내놓겠는가.

나는 고유섭의 '멋, 큰 맛, 작은 맛, 맵시'를 '참멋, 느긋함, 속맛, 짜임새'로 새기고, 그의 '군짓, 무딤, 빡빡함, 헐거움'을 '겉멋, 늘어짐, 답답함, 마무리 짓지 못함'으로 풀면서, 나의 우리말 강박증이 깊게 위로받는 것을 느꼈다. 아무리 어렵더라도 누군가 해야 할 일을 고유섭이 이미 시작한 것이다.

그리고 도표를 만들면서 예전부터 보아오던 고유섭의 미적 평어가 이렇게 정교한 줄 비로소 깨닫게 되었다. 한두 장 안에 담긴 낱말들이 이렇게 정교하고 체계적으로 자리매김하고 있었다. 특히 성공과 실패 양방향을 모두 아우르는 개방적 태도, 새로운 평가 가능성의 모색, 역사를 통한 구체적인 증명, 기능의 발현을 중심으로 하는 사고, 판단의 고착화에 대한 거부, 실체적 접근의 부정, 민족적 숙명론의 초극, 그리고 자연이나 민족처럼 가치판단의 대상이 될 수 없는 것과 문화나 예술처럼 가치판단의 대상이 될 수 있는 것의 구분은 오늘날의 시각으로 보아도 하등 손색이 없는 논조다.

또 다른 조선 미술의 특색

고유섭은 조선고미술의 특색을 말하기에 앞서 후설Edmund Husserl의 개념인 노에마noema를 언급한다. 그는 조선 미술의 성격이 수천 년 동안 노에마처럼 형성되었다고 전제한다.

후설의 현상학에서 노에마는 노에시스Noesis와 짝을 이룬다. 우리의 의식은 어디론가 나가려 한다. 후설은 이를 '지향성'이라고 불렀다. 그런데 지향하는 의식 쪽을 '노에시스', 의식이 지향되는 대상 쪽을 '노에마'라고 불렀다. 의식이 나가는 것을 노에시스라고 부르고, 의식이 머무는 곳을 노에마라고 부른 것이다. 그렇다고 해서 노에마가 곧 사물은 아니다. 사물은 물질로 이루어졌지만 노에마는 정신으로 이루어졌기 때문이다. 이렇게 의식의 지향성은 정신과 물질이라는 양방향으로 이루어진다. 이렇게 볼 때 의식과 대상은 분리되지 않을뿐더러 정신과 육체도 이원화되지 않는다.

사과를 예를 들어보자. 나는 사과를 바라본다. 그리하여 사과가 내 머릿속에 떠오른다. 나는 빨간 사과를 그렸다. 사과를 바라보는 것이 노에시스다. 내 머릿속의 사과가 노에마다.

어렵게 말해보자. 나의 의식은 사과를 지향한다. 그것이 노에시스다. 그리하여 사과는 내 의식 속에서 대상으로 자리 잡는다. 그것이 노에마다. 그리하여 노에마는 노에시스에 의해 '구성'된다. 그리고 노에시스가 만들어낸 노에마가 후설이 말하는 '현상'이다.

그런데 파란 사과만을 본 사람이라면 빨간 사과라는 노에마를 만들어낼 수 없을 것이다. 그렇기 때문에 고유섭은 우리의 미술품에서 드러난 노에마를 찾고자 한다. 그는 우리 사과의 예쁜 색깔을 찾고 싶었던 것이다.

고미술이라 해도 원시조형으로부터 1910년까지의 사이에는 수천백년의 세월이 끼어있어 시대의 변천, 문화의 교류를 따라 여러 가지 층절이 있음은 두말할 필요가 없다. 그러나 그만한 변천을 통하여 흘러내려오는 사이에 '노에마'적으로 형성된 성격적 특색은 무엇이냐, 다시 말하자면 전통적 성격이라 할 만한 성격적 특색은 무엇이냐.[38]

---

38. 『고유섭 전집』 3, 16.

고유섭은 노에마를 '전통적 성격'으로 번역해서 말하고 있다. 전통이라는 것도 변하고, 어느 시절의 어떤 전통을 말하는가에 따라 다를 수밖에 없다. 그럼에도 뭔가 의식 속에 대상화되는 무엇이 있다면 그것을 그려보자는 것이 고유섭의 의도다. 민족이라는 말로 숙명을 말하거나 민족성이라는 말로 고정불변한 특징을 말하는 것을 명확히 거부하면서도, 우리의 면면한 전통을 일컫기 위한 개념이 바로 노에마였다.

우리 미술의 성격적 특색과 전통적 성격에 대한 고유섭의 의견을 정리해보자.

첫째, 무기교의 기교 또는 무계획의 계획이다. 기교적인 기교나 계획적인 계획은 기교와 계획이 의식적인 의식이나 분별적 의식에서 나와 구체적인 생활에서 분리되는 데 반해, 무기교의 기교나 무계획의 계획은 생활 자체의 본연적 양식의 발현이기 때문에 구체적 생활과 합치되어 있다. 기교적인 기교나 계획적인 계획은 구체적 생활로 합치되는 것을 이상으로 하여 작위적인 기교나 계획으로 구석구석을 기교와 계획으로 정돈하고 구성하여 구체적 생활을 이루려고 하지만, 무기교의 기교나 무계획의 계획은 기교와 계획의 독자성, 자율성, 과학성이 자각되어 있지 않다.

그런 점에서 조선은 "개성적 미술, 천재주의적 미술, 기교적 미술이 발달되지 않고 일반적 생활, 전체적 생활의 미술, 즉 민예가 동맥을 이룬다."고 고유섭은 말한다. 그는 삼국시대는 물론, 고려와 이조의 미술까지도 모두 '민예적'이라 단정하고 그 원인으로 시민죠닌(町人)사회가 형성되지 못한 것을 꼽는다.[39]

39. 이 글은 「조선고미술의 특색과 그 전승문제」라는 제목으로 『춘추』 1941년 7월호에 실리는데, 이것으로 보아 고유섭이 야나기의 민예이론을 기본적으로 수용하

182

둘째, 조선의 미술은 민예적이라서 생활과 미술이 분리되어 있지 않아 감상만을 위한 미술이 아니라, 미술이자 곧 종교요, 미술이자 곧 생활이다. 정돈된 맛은 부족하지만 질박한 맛과 돈후한 맛에서 뛰어나다.

조선의 미술은 정제성整齊性, 모두 가지런함이 부족하여 석굴암만 하더라도 건축적 양태는 정제되어 있지만 팔부중 조각은 그렇지 않으며, 도자공예에서도 "기물의 형태가 원형적 정제성을 갖지 않고 왜곡된 파형을 많이 이루고 있다." 이곳에서 음악적 율동성이 드러나며, 따라서 조선의 예술이 선적이라고 한 야나기의 정의는 시인된다.

완전한 형태를 이루지 않기에 음악적 율동성이 나오고, 선적인 점은 우아(하기만)한 약점이 있지만 생동성을 이룬다. 우아로 나가는 섬약미纖弱美는 단색조의 고려청자나 조선백자에 곁들면서 적조미로 드러난다. 청색 또는 백색은 그냥 청색과 백색 그대로의 것이 아니라 "쥐어 짜지고 졸여 짜져서 굳건한 것을 통하여 구수하게 어우러진 변화성"을 갖는다. 여러 번 붙인 창호지나 장판지와 같아 맵자한 양태이키나 수가타(아름스갖요要), 멋스런 꿀를 구성하다.

건조하고 고루한 비예술적 성격을 내는 단색조가 사상적으로 체관적 전회를 할 때 명랑성으로 바뀐다. 질박, 둔후鈍厚, 순진함이 형태의 파조跛調, 기우뚱거림; 불완전함과 선율적임를 통해 다시 '적료寂廖한 유머'를 낳는다. 조선의 불상조각의 '어른 같은 아해'가 그것이다. 고유섭의 '적료한 유머'를 나의 말로 바꿔보자면 '허무를 극복한 미소'요, '텅 빔 위에 새롭게 자리하는 웃음'이다. 조선불상의 얼굴이 그렇다.

셋째, 비정제성의 특질인 비균제성非均齊性, asymmetry이다. '메트리'는

고 있음을 알 수 있다.

거리다. 미터를 생각하면 된다. '심'은 같다는 뜻이다. '심메트리'는 곧 좌우 또는 상하 대칭을 말한다. 그것의 부정그리스어 a이 '아심메트리'다. 고유섭이 이렇게 쓴다. 불국사의 다보탑과 석굴암이 좋은 예다. 배치는 심메트리나 탑은 그렇지 않다. 가람배치도 그렇다. 목공예와 창호, 영창欞窓도 그렇다. 창호의 모양과 창살 무늬가 그렇다는 말이다. 이것은 공상과 환상의 자유발휘라는 특색으로 음악적 특성과도 통한다. 그래서 조선 미술은 환상적이며 음악적이다.

넷째, 무관심성이다. 그리스 신전 건축의 원형 석주와는 달리, 조선의 건축은 목재의 자연적 굴곡을 정리하지 않은 채 사용한다. 구례 화엄사의 각황전에서 극단적인 예를 볼 수 있다. "목재의 본형을 그대로 양식 구성에 사용하여 양식 감정의 표현을 순리적으로 한다." 합천 해인사의 구광루의 하층목주는 굴곡져 배부른 면을 앞으로 내세웠다엔터시스 같은 효과, 곧 배흘림기둥. 민가에서도 추녀의 번앙전기翻仰轉起, 끝부분을 날 듯이 위로 올리는 것도 굴곡진 목재를 그대로 쓴다. 자연에 대한 강압이 없고 순응이 있다.

나쁘게 보면 통일감이 없어 세부적인 데가 거칠고 뜬다조소성(粗疎性). 중간에 중단이 있어 '객쩍은 짓이 가미'되고 완전한 통일이 없어진다. 이 점은 비예술적인 결점이다. 좋게 보면 치밀하지 않은 세부가 크게 전체에로 포용되면 '구수한 큰 맛'을 이루게 되어 생동성을 띤다. 삼도수三島手라는 분장회청유기粉粧灰青釉器의 큰 맛이란 것은 소대황잡疎大荒雜, 거칠고 크게 함부로 모음에서 이루어지는 생동성이다.

여기서 고유섭의 무관심성은 칸트가 말하는 무이익성without interest이 아니라 무의도성이나 무고의성을 가리킨다.

다섯째, 구수한 큰 맛이다. 중국의 미술은 웅장한 건실미가 있지만 이 구수한 맛이 없는 반면, 조선의 미술은 체량적으로는 작다할지라도 구수하게 큰 맛이 있다. 그런데 조선 미술에는 모순이 있다. 큰 맛은 물론 작은 맛도 있는 것이다. 거꾸로 조선 미술의 단아한 면은 작은 데서 오는 것인데, 다시 큰 맛이 있어 단아에 머물지 않는다.

작은 맛은 자연적 제약에서 오고, 큰 맛은 생활의 태도에서 온다. 무관심하고 체념할 때 거칠고 큼소대(疏大)이나 기우뚱거림파조(跛調)이 나오면서 큰 맛이 나온다.

조선의 건축은 일본의 건축과 같이 신기루처럼 공중에 떠있지 않고 땅에 뿌리박고 있기 때문에 큰 맛이 난다. 또한 거칠고 사납기소광(疏獷)만 하면 구수하지 않고 땅 속에 파묻히기만 하면 크지 못할 것인데, 그 둘이 만나 구수한 큰 맛으로 나타난다. 그리하여 단아한 작은 맛과 구수한 큰 맛이 '적조와 유머'처럼 한몸을 이룬다. 경주 봉덕사종과 이조의 청화자기가 좋은 예다.

여섯째, 상감象嵌 기술의 애호다. 고려청자에서 많이 볼 수 있는 상감술이 도자만이 아니라 청동기의 금은 착감錯嵌, 칠기의 나전 상감, 목공기의 목공 상감 등에서도 나타난다. 구례 화엄사 석경은 글씨를 파고 그 안에 순금을 상감한다. 동서양 모두 이런 기법이 있었지만 조선처럼 애호된 예는 적다 확실히 조선의 특색이라 할 수 있는데, 그 심리와 이유가 무엇인지 설명을 필요로 한다. 고유섭은 솔직하게 이 것은 자신이 해결하지 못한 근래의 문제라고 밝힌다.

말을 표로 만들면 오해의 여지는 많지만 요목이 드러난다. 특히 나는 '매체'라는 개념으로 소극성이 적극성으로 나아가는 계기를 설정했다. 소극성은 한국 미술의 부정성이기도 하고, 적극성은 그것의 긍정적인 면으로 전통적 성격이기도 하다. 이를테면, 〈표4〉에서 보는 것처럼 '우아優雅(b)'는 부정적이지만 '윤곽의 율동적 선의 흐름線流'에서 나오는 '우아성' 곧 우아함은 긍정적이다. 마찬가지로 적조가 아닌 '적료'는 소극적이지만 '적료'가 '명랑'과 만나면 '유머'(F)라는 적극성을 띤다. 그렇게 긍정된 유머가 바로 '적료'가 예술화된 '적조한 유머'다.

〈표4〉 전통미술의 여섯 특징

	소극성	매체	적극성
1	무기교(무계획)	구체적 생활과 합치	무기교의 기교 (무계획의 계획)
2	a. 비정제성: 왜곡된 파형跛形 b. 선적인 우아약점 c. 섬약미 d. 건조, 고루 e. 단색조 f. 형태의 불완전과 선율적임	e-E. 사상적으로 철저한 깊이에 함몰되지 않음 f-F. 체관적 전회를 통한 '적료한 유머'	A. 음악적 율동성 B. 생동성 C. 적조미 D. 구수하게 어우러진 변화성 : 맵자한 양태 E. 명랑성 F. 유머: 적료+명랑
3	상하 좌우의 대칭 symmetry	공상, 환상의 자유발휘	비균제성asymmetry 음악적 공상적, 환상적 [예] 다보탑과 석가탑, 경주 남산사지 쌍탑≠감은사지 쌍탑, 창호 무늬.
4	무통일감 조소성粗疎性 객쩍은 짓	치밀하지 않은 세부를 전체에로 포용	무관심성 구수한 큰 맛 생동성 [예] 추녀의 번앙전기, 분장 회청유기
5	단아한 작은 맛 땅에 뿌리박은 큰 맛 [비교] 무관심과 체념의 큰 맛	작은 맛과 큰 맛의 모순 구수하지도 크지도 못함	구수한 큰 맛 [비교] 적조한 유머 [예] 경주 봉덕사종, 이조의 청화자기
6	상감 기술의 애호(설명 불가)		

※「조선고미술의 특색과 그 전승문제」,『고유섭 전집』3, 16~23참조.

설명 불가의 설명

고유섭이 설명 불가하다는 한국 미술의 상감 기술의 애호를 꿈에서밖에 만나지 못한 젊은 스승을 위해 불경하게 잠시 내가 감히 설명한다면, 그것은 매체 또는 중간자를 실제적이고 예술적으로 적용코자하는 창작 의지의 발현으로 보인다.

고유섭이 말한 다섯까지는 모두 정신적이고 관념적이고 형태적인모순이었다. 그러나 상감은 물질적이고 질료적이고 내부적인 모순이다. 위의 다섯까지가 외형의 양태를 말하고 있다면, 상감은 철저히 같은 작품 안에서 벌어지는 이질적인 재료의 조화다.

상감象嵌이라는 독특한 단어를 쓰는 것도 달리 이를 표현할 일반적인 단어가 없기 때문인데, 그런 점에서 상감은 외형이 아닌 '내형內形'으로 온전히 내부적 양태다. 그런 점에서 상감은 하나의 양식이지만그렇다고 해서 외형적인 형상形象, shape이 아니기 때문에, 오히려 드러나지 않는 '도식圖式, schema'에 가깝다.

상감은 '골을 파 다른 것으로 메움'을 가리키는 것으로 이질적인 재료를 한 작품에서 어울리게 하는 방법이다. 정작 다른 재료이지만 이른바 내형적이라서 상감 기법을 모르는 사람은 하나의 몸뚱이로 여기기 쉽다. 말 그대로 상감의 뜻은 '형상을 파넣다', '골로 형상을 그려넣었다', '형상을 갖춘 골'을 가리킨다. 우리말로 옮겨보면 '꼴골' 또는'골꼴'이다. 둘 중에 선택한다면, 우리말의 용법상 꼴골은 구체적인 골짜기를 가리키고 골꼴은 전체적인 기법을 가리키기 때문에 골꼴이 상감의 번역어로 맞는다. '상감 기법으로 해!'는 '(꼴골을 파서) 골꼴을 만들어!'가 된다.

잠깐 어려워지면, 도식schema이라는 말을 칸트는 선험先驗적인 형식을 가리킬 때 썼는데, 이는 경험 이전에 우리의 머릿속에 이미 들어

– 고유섭: 한국 현대미학의 탄생

있는 앎의 틀인식의 구조을 말한다. 그것이 없으면 세상이 머릿속으로 들어오지 않는다. 그것처럼 상감도 내형적이라는 면에서 참으로 '선형先形'적이다. 도식이 경험 이전의 것인 것처럼 골꼴은 형태 이전의 것이라는 이야기다. 상감은 꼴을 이루기 전의 꼴, 곧 '앞꼴'이다. 공간적으로는 골꼴이지만 시간적으로는 앞꼴이다.

고유섭이 상감 이전에 말한 다섯까지는 모두 정신적 모순이었다. 그리고 정신적 모순은 내가 '매체'라고 부른 중간자에 의해 전환되거나 포용되면서 소극적인 면이 적극적인 면으로 뒤바뀐다. 꾸미지 않은 것이 꾸민 것이 되고, 멈춰 있는 것이 춤을 추고, 연약한 것이 고매해지고, 공허한 것이 명랑해지고, 비대칭적인 것이 자유로운 공상으로 나가고, 통일되지 않은 거침이 생동감을 주고, 모순되는 단아한 작은 맛과 구수한 큰 맛이 적막한 농담을 건넨다.

이제 상감은 물질의 모순이다. 물질 내부끼리의 모순이고, 형태 내부내부 형태가 아니다끼리의 대립이다. 외형이 아닌 내형의 모순이며, 형태 이후의 대립이 아니라 형태 이전의 대립이다. 그리하여 그 모순과 대립은 한 예술품 안에서 조화롭게 승화된다.

그런 점에서 상감은 중간자적인 성질을 지닌다. 한 작품 속에서 벌어지는 일로 체형조차 일치시켰다는 점에서 분리라고는 조금도 없다.

〈표5〉 상감(골꼴) 보론

상감	소극성	매체	적극성
	이질적 요소 재료적 개성	물질적 모순	• 숨었으면서도 숨지 않음 • 동화同化, 승화昇化 • 외형外形이 아닌 내형內形의 완성

188

물질적으로 지나치게 함몰되었다가는 이질적인 것이 되어버리기 때문에 깊지도 않다. 본체를 파헤치면서도 거칠지 않게 가볍게 장식하는 것에 그친다. 그곳에 작가는 공상과 환상을 자유롭게 새겨 넣는다. 같은 재료가 세부적으로 치밀하지 않게 얽혔을 때 다른 재료로 관찰자의 시각을 돌림으로써 전체를 포용한다. 자칫 지루할 수 있는 큰 맛과 아담해서 지나치게 작은 맛이 그것을 통해 만나면서 모두를 조용히 비추는 농담이 된다.

한마디로, 상감은 체관적 전회를 위한 물리적 장치다. 그것은 숨었으면서도 숨지 않은 무대 장치다. 상감이란 것은 숨었으면서도 숨지 않은 것이다象嵌也者, 隱而不隱者也!

노자와 우현

고유섭의 호가 무엇인가? '우현又玄'이다. '우현'은 노자 제1장의 언어에서 떠온 것이다. 다음은 『노자』의 첫 구절이다.

길을 말할 수 있으면 늘 그러한 길이 아니며,	道可道, 非常道,
이름을 이름 지을 수 있으면 늘 그러한 이름이 아니다.	名可名, 非常名.
이름이 없는 것은 천지의 처음이며,	無名天地之始,
이름이 있는 것은 만물의 어머니이다.	有名萬物之母.
따라서 하고자 함이 없어 그 야릇함을 보며,	故常無欲以觀其妙,
하고자 하니 그 드러남을 본다.	常有欲以觀其徼.
이 둘은 한곳에서 나왔지만 이름이 다르니,	此兩者, 同出而異名,
같이 말하여 검다고 한다.	同謂之玄.
검고도 또 검으니,	玄之又玄,

─ 고유섭: 한국 현대미학의 탄생

여러 야릇함의 문이다. 衆妙之門.[40]

첫 구절이라 많이 인용되면서도 가장 어렵다는 구절이다. 뜻을 풀어 보면 이렇다.

진리를 말로 하면 그것은 이미 진리가 아니다. 고정된 진리가 되기 때문이다. 이름을 한번 지어버리면 그 이름에 갇힌다. 따라서 이름도 지어서는 안 된다. 이름이 없는 상태는 구별이 없기 때문에 이름 없음은 천지의 처음이고, 이름을 지어버리면 분류와 층차가 나뉘기 때문에 이름 있음은 만물의 어머니다. 한마디로 천지는 처음에는 이름이 없었고 만물은 온갖 이름을 갖는다. 그런데 사람이 아무런 욕심이 없을 때는 세계의 오묘함이 있는 그대로 보이지만, 사람이 뭔가 하려는 욕심이 생길 때는 세계가 그것에 맞춰 드러나게 되어 있다. 이런 두 다른 세계를 어떻게 마주할 것인가? '무명'과 '유명', '무욕'과 '유욕'이라는 이러한 상반된 성질을 어떻게 다룰 것인가? 노자는 이 둘을 하나로 모은다. 둘은 같은 데서 나왔고 이름만 다르다. 함께 부르자니 '검음' 곧 '현玄'이다. 검으면 나뉨이 안 보인다. 남과 나, 미움과 고움이 모두 어둠 속에 감춰진다. 검고도 검으니 모든 오묘함의 문이 열린다.

『노자』는 쉽게 말해 어둠의 철학이다. 어둠은 미추뿐만 아니라 피아조차 나누지 않는다. 어둠이야말로 세상의 본원적 모습이다. 빛은 잠깐의 비춰짐일 뿐이다. 우주가 밝은가? 아니다. 우주는 검다. 그래서 '하늘은 검고, 땅은 누렇다天地玄黃(天地玄黃)'고 천자문 첫 구절은 말한다. 검은 것이 먼저다. 밝음은 나중이다. 검고도 검으니 세상의 참맛이 드러난다. 참맛은 참멋이다. 멋은 아름다움이다.

40. 『노자』, 제1장.

190

고유섭이 이 구절을 얼마나 좋아했으면 자신의 호로 삼았을까 생각해보자. 그의 어법이 노자와 매우 닮았다는 것은 노자를 읽어본 사람이라면 쉽게 느낀다. '무기교의 기교', '무계획의 계획'은 노자의 어법과 똑같다. 하도 많으니, 군더더기 같지만 노자 사상의 핵심인 무위無爲와 관련된 구절만 추려보자.[41]

　그러므로 성인聖人은 함이 없는 일에 머물고, 말하지 않는 가르침을 행한다.[42]

　하지 않음을 하니, 다스려지지 않음이 없다.[43]

　나라를 사랑하고 사람을 다스리면서도 아무것도 하지 않을 수 있을까?[44]

　도는 하는 것이 없으면서도 하지 않는 것이 없다.[45]

　높은 덕은 하지 않아 함이 없다.[46]

　나는 그러므로 하지 않는 것이 더 이롭다는 것을 안다. 말하지 않는 가르침, 함 없음의 이로움, 천하에서 이를 따라 갈 만한 것은 드물다.[47]

　그러므로 성인은 돌아다니지 않아도 알고, 보지 않아도 이름 부를 줄 알고, 하지 않아도 이룬다.[48]

---

41. 번역은 나의 책을 저본으로 삼았다. 『노자 도덕경』, 2017, 문예출판사.
42. 是以聖人處無爲之事, 行不言之教. 제2장.
43. 爲無爲, 則無不治. 제3장.
44. 愛國治民, 能無爲乎? 제10장.
45. 道常無爲而無不爲. 제37장.
46. 上德無爲, 而無以爲. 제38장.
47. 吾是以知無爲之有益, 不言之教, 無爲之益, 天下希及之. 제43장.
48. 是以聖人不行而知, 不見而名, 不爲而成. 제47장.

덜고 또 더니 함이 없음에 이른다. 함이 없지만 하지 않는 것이 없다.[49]

따라서 성인은 말한다. 나는 아무것도 하지 않지만 사람들이 스스로 잘 된다.[50]

아무 함도 없도록 하라. 아무 일도 없도록 일하라. 아무 맛도 없도록 맛 내라.[51]

그러므로 성인은 하지 않아 지지 않고, 잡지 않아 놓치지 않는다.[52]

이렇듯 노자는 무위를 아무것도 하지 않는 것이 아님을 분명히 말한다. '하지 않음'을 '하라'고 한다. 그런데 노자를 처음 읽거나 어설피 받아들이는 사람은 '어떻게 아무것도 하지 않느냐'고 반문한다. 아니다. 노자가 말하는 무위의 뜻은 '억지로 해서는 안 된다, 일부러 하려다가는 탈난다, 사람들 좀 괴롭히지 마라, 잘 되어가고 있으니 내버려 둬라' 등이다. 이런 것들이지 아무것도 하지 말라는 것이 아니다. 나는 물을 마셔야 하며, 남도 밥을 먹어야 한다. 하지 않았다가는 다들 굶어죽는다. 노자의 철학이 어찌 죽음의 노래이겠는가. 노자만큼 삶을 사랑하고 싸움을 미워한 사람이 얼마나 있단 말인가.

노자는 공연히, 괜히, 까닭 없이 일을 벌이지 말라는 것이다. 고유섭이 말한 한국예술의 특징이 무엇인가? 바로 '무기교의 기교' 아닌가. 기교를 부리지 않는 기교다. 기교가 드러나지 않는 기교다. 멋 부리지

---

49. 損之又損, 以至於無爲. 無爲而無不爲. 제48장.
50. 故聖人云: 我無爲而民自化. 제57장.
51. 爲無爲, 事無事, 味無味. 제63장.
52. 是以聖人無爲, 故無敗; 無執, 故無失. 제64장.

않은 멋이다. '군짓'하지 않은 참멋이다. '객쩍은 짓'하지 말라는 것이다. 고유섭이 말하는 '군짓', '객쩍은 짓'이 바로 괜한 짓이다. '공연히'의 준말인 '괜히'가 가리키는 것이 작위作爲의 예술이고, 그렇지 않은 것이 바로 무위의 예술이다.

고유섭은 '멋쟁이'라는 말을 싫어했다. 안 꾸민 듯 꾸며야 한다. 한국 미술의 특징이 이렇다. 그래야 구수한 큰 맛이 난다. 멋부림을 벗어난 멋과 같이, 고유섭은 어떤 개념의 부정적 초극을 통해 새로운 맛을 얻을 수 있을 것이라고 생각했다. 일종의 '부정의 변증법'[53]이다.

우아함에서 그칠 듯한데 생동감이 넘치고, 섬약해서 날아갈 듯하지만 고요의 극치를 달리고, 건조하고 고루한 듯하면서도 변화를 주고, 단색이라 지루할 법도 한데 깊은 색 속에서 명랑하고 유쾌한 맛이 나고, 꼴이 갖춰지지 않은 듯 가락이 은은히 이어지니 우리에게 웃음을 가져다준다. 이렇게 형태적으로 상하 좌우가 왜곡되면서 그것이 감상자에게는 음악적인 율동으로 드러나니, 조선의 미술은 아무리 쓸쓸할지라도 씩 웃는 얼굴로 우리에게 다가온다. 그것을 고유섭은 적조와 명랑이 섞인 농조弄調, 유머라고 말했다.

노자의 현玄 자는 바로 이러한 부정을 담는다. 밝음에 대한 부정, 분별에 대한 부정, 차별에 대한 부정, 아니, 그것은 굳어버린 진리와 썩어버린 윤리에 대한 부정이었다. 그러면서 얻는 것은 생명과 예술에 대한 변증법적인 긍정이었다. 고유섭의 말을 다시 떠올리자.

자유로운 생명 그 자체에 약동하고 싶다. 생명을 잃은 윤리는 절대악 이외의 아무것도 아니다.[54]

53. 아도르노의 개념이다. 아도르노가 미학에 관심이 많았음을 떠올려보자. 그는 특히 음악에 조예가 깊었다.
54. 『고유섭 전집』 4, 361.

예술은 가장 건실한 생명의 가장 충실된 생산이다. (…) 예술은 가장 진지로운 생명의 가장 엄숙한 표현체가 아니냐.[55]

현은 부정이나, '현하고 또 현하다玄之又玄'는 것은 부정의 부정이다. 부정하고 다시 부정함은 영원한 부정이기도 하거니와, 부정을 부정하는 진정한 긍정이기도 하다.

위진시대의 학풍을 현학玄學이라고 하는 것은 그들이 노자를 중심으로 사색을 했기 때문이기도 하지만, 한대의 유학을 비판하면서 노자를 원용했기 때문이기도 하다. 노자가 한 번 부정한 유학을, 현학자들이 한 번 더 부정한다. 그리고 그것은 유가도 도가도 아니었기에 둘 가운데 하나의 이름을 택할 수 없었다. 그저 현할 뿐이었다.

아울러 도교에서는 이러한 부정의 부정을 '중현학重玄學'이라 불렀다. 불교를 받아들으면서도 이를 부정하여 본격적으로 도교를 열고, 그것은 다시금 불교 선종과 신유학의 탄생을 자극한다.

고유섭의 우현이란 바로 이러한 부정의 부정이었던 것이다. 고유섭은 끊임없이 부정했다. 조선 내부의 소극성과 나약함을 부정했고, 조선 외부로부터의 부정적인 판단을 부정했고, 심지어 심미적 평어의 일방성을 부정했다. 그리하여 고유섭은 끊임없이 긍정했다. 조선의 단아하면서도 온아한 맵시 있는 큰 맛을 긍정했고, 슬픔과 아픔을 딛고 일어서는 조선의 명랑함과 생동성을 긍정했고, 마침내 부정과 긍정을 뛰어넘는 초탈의 적조미를 다시금 긍정했다.

혹여 적조미와 농담이 잘 어울리지 않는다고 생각하는가? 그것은 고유섭의 농조가 희비를 뛰어넘는 그것임을 알아차리지 못해서 하는

---

55. 『고유섭 전집』 4, 361.

말이다. 채플린이 말했듯이, 인생은 가까이서 보면 비극이지만 멀리서 보면 희극이다. 우리의 삶은 가까이 확대해 보면 슬프지만 멀리서 관조하면 웃긴다. 적조寂照는 '적막寂寞하게 관조觀照함'을 가리킨다. 침소봉대해서 아프지 않을 것이 없듯이 크게 보아 웃기지 않을 것이 없다. 아픔 앞에서의 웃음, 슬픔 앞에서의 웃음, 죽음 앞에서의 웃음 같이 어렵지만 웃을 수 있고, 웃어야 하는 것 아닌가. '엄마, 나 안 아파', '아빠, 나 괜찮아', '아들아, 나 이제 떠난다'라고 힘들지만 웃으면서 말할 수 있는 것 아닌가. 한국미가 그런 슬프지만 슬퍼하지 않음을 보여주었다는 것이다.

고유섭이 이런 부정을 통해 긍정을 한 것은 다름 아닌 '피'다. 위에서 생명이라고 말한 바로 그것이다. 피 끓는 고유섭은 같은 피가 흐르는 조선을 사랑했고 그 피로 이루어진 전통과 예술이 살아 숨쉬기를 바랐다. 벌떡벌떡 가슴을 뛰게 하는 붉은 피의 신비, 그것을 그는 '생명적 내오內奧'라고 불렀던 것이다. 바로 그 생명의 내적 오묘함이 조선의 예술에서는 이루어지고 있었다.

조선 미술의 줏대

우리가 자주 쓰는 말이다. '줏대 없이 왜 그래'라는 표현처럼 줏대主는 자기 생각에 따라 행동하고 실천함을 가리킨다. 줏대가 섬은 품은 마음이 꼿꼿함을 말한다. 재밌게도 고유섭이 이 말을 쓴다. 조선 미술의 특색은 조선 미술의 전통이라면서 그것은 시대를 거쳐 형성된 조선 미술의 주된 성격이며 이는 더욱 구체화될지언정 변천될 성질은 아니라고 한다. 고유섭이 말한 대로 그것은 조선 미술의 노에마로 예술작품을 통해 드러난다.

즉 그것은 조선 미술의 줏대다. 이때 조선 미술의 전승이란 것이 문제된 다면 그것은 곧 조선 미술의 전통을 고집하자는 것으로, 다시 말하면 조선 미술의 줏대를 고집하자는 것이다. 줏대를 고집함은 자아의식의 자각으로 독자성의 발휘(라는 것이 안목이)다. 동시에 그것은 자아의식의 확충이다.[56]

오늘날 고집固執이라는 말이 단선적으로 나쁘게 쓰이는 경향이 있는데, 원래 이 말은 '선을 선택하여 이를 고집하라擇善而固執之'는 『중용』의 강력한 권고다. 어영부영 살지 말고 하늘이 나에게 준 뜻을 이루기 위해 굳건히 그 길을 가라는 뜻이다. 고유섭은 이를 줏대라고 말하고, 자아의식이라 읽는다. 여기서 자아의식은 전통 속에 있으며, 전통을 찾는 것이 바로 자아의식의 자각이자 확충이다.

특색이라는 것은 결국 전통이란 것의 극한개념이다. 그러므로 자의식의 자각, 자의식의 확충을 위해서는 부절不絶히끊임없이 이 전통을 찾아야 하며, 부절히 이 전통을 찾자면 부절히 그 특색을 찾아야 할 것이다. 우리는 너무나 오래 이 전통을 돌보지 아니하였고 너무나 오래 이 특색을 찾지 않고 있었다. 이는 결국에 자아의식의 몰각이면 자주의식의 몰각이다. 자아의식이 몰각된 생활, 자주의식이 몰각된 생활은 결국에 수면의 생활이며 본능의 생활이다. 그것은 실로 산 생활이 아니며 문화인의 생활이 아니다.[57]

고유섭은 여기서 강하게 자신의 논조를 드러낸다. 전통 찾기, 그리

---

56. 「조선고미술의 특색과 그 전승문제」, 『고유섭 전집』 3, 23.
57. 「조선고미술의 특색과 그 전승문제」, 『고유섭 전집』 3, 23.

196

고 그 특색 찾기가 바로 잠들어 있는 조선의 의식을 깨우리라는 것이다. 고유섭이 비장한 마음으로 아무도 거들떠보지 않는 미학을 홀로 공부하게 된 연유가 여기에 있었다. 그럼에도 무턱대고 찬미하는 것은 주의한다. 그것은 도움되는 것이 아니라 오히려 망치는 것이다. 모두 가치 있다고 고집하면 안 된다.

그곳에는 수승秀勝, 빼어나게 뛰어남한 일면이 있는 동시에 열악劣惡, 낮고 못남된 일면도 있는 것이다. 이것은 하필 조선 미술의 특색, 조선 미술의 전통에서만 그러한 것이 아니라 어떠한 미술에서든지 다 같이 있는 면이다. 이때 수승한 면은 더욱 확충시켜야 할 것이요 열악한 면은 깨끗이 버려야 할 것이다. 이 분별이 서지 않고 덮어놓고 특색이요 전통이라 하여 고집하기만 한다면 그것은 결국 특색이요 전통이라는 것을 찾지 아니하였을 때와 마찬가지가 된다.[58]

고유섭은 이렇게 우열의 관점에서 조선 미술의 전통과 특색을 바라볼 것을 주장한다. 만일 그렇지 않다면 고루하고 비열한 전통만이 남게 되어 응어리만 찌들어가게 됨으로써 오히려 해독이 된다는 것이다.

조선의 탑

이제 우리 미술의 수승한 면의 구체적인 예를 짧게나마 들어야 할 때다. 위에서 말한 미학적 배경 아래 고유섭이 관심을 기울인 것은 다

---

58. 「조선고미술의 특색과 그 전승문제」, 『고유섭 전집』 3, 23~24.

름 아닌 탑이었다.

고유섭이 탑만 보았다는 것은 결코 아니다. 그는 조선의 온갖 유물을 다루었고, 하다못해 일본 동대사東大寺 정창원正倉院의 보물에 대해서도 글을 남길 정도로 관심의 범위는 매우 넓었다. 한마디로 고유섭이 관심을 기울이지 않은 조선의 유물은 없었다고 해도 지나치지 않다. 불상, 석등, 사리탑, 도자기, 회화, 필적, 기와와 정자에 이르기까지 그가 다루지 않은 우리의 유물과 유적은 없었다.

그럼에도 고유섭의 주저는 단연『조선 탑파의 연구』다. 통문관 전집에도 제1권을 차지한다. 열화당 전집에서는 상, 하로 나뉘어『조선미술사』상, 하에 이어 제3, 4권으로 편집되는데, 이는 미술사에서 일반적인 관심을 중시한 것으로 보인다. 그럼에도『조선 탑파의 연구』는 열화당 전집의 편제상으로도 고려청자, 건축미술사, 송도의 고적에 앞서는 기념비적인 저술이다.

고유섭이 왜 탑에 주목했을까? 그리고 왜 탑을 중시했을까? 그것은 다름 아닌 조선 미술의 수승한 면을 돋보이고 싶어서였음이 틀림없는 것으로 보인다. 우리 땅 어디에서도 만날 수 있는 것이 바로 탑이다. 탑은 불교미술이지만, 불교의 유물과 유적이 우리나라 국보의 대부분을 차지하는 한, 그리하여 국보가 불교인 한, 우리는 탑에 관심을 기울이지 않을 수 없다.

게다가 탑은 크다. 도자기가 아무리 맵자해도 그것은 고소한 맛이며 작은 것과 관계한다. 그러나 탑을 보고 고소하다고 하기는 어렵다. 일본인들이 맵시 있는 도자기와 공예품에 빠져 그것을 상찬할 때일본인이 우리의 탑을 조사하지 않았다는 뜻은 아니다, 고유섭은 그들의 관심 범위에서 빠진 우리 산하 방방곡곡의 탑을 찾아다녔다. 그러고는 발로 뛰어 찾아낸 우리의 탑을 자신만의 안목으로 자랑스럽게 내놓는다.

고유섭의 탑에 대한 미학적 분석과 그 의미를 여기에서 일일이 열거

할 수는 없다. 그러나 그가 예찬한 탑 이야기는 꼭 들어보아야 한다. 여기서는 고선사지 삼층석탑, 감은사지 삼층석탑, 나원리 오층석탑, 세 탑에 관한 고유섭의 진술을 옥개부 등등의 구조적인 해설 없이 짧게 소개한다.

❶ 고선사지 삼층석탑

고선사는 일명 고천사라고도 한다. 원효가 일찍이 고선사에 살았다. 문무, 신문왕 사이에 창건된 것으로 보인다. 사지는 다소 동남을 향하였고 계곡은 광활하고 지대는 상개爽塏, 시원하면서도 높음하다. 금당지 앞 우측에 3층 석탑이 남아 있는데 당탑堂塔, 금당과 탑의 편제상 좌측에 한 탑지가 있어 좌탑은 목조로 추측된다. 벽판석壁板石을 물림식으로 넣은 것은 익산 미륵사지의 탑에서 볼 수 있는데 초기 석탑의 특색이다. 이 탑에는 이미 우주隅柱, 모퉁이 기둥의 엔터시스배흘림도 없다. 탑의 크기에 비하여 상윤부가 약간 '섬약하며 지나치게 꾸민纖弱過飾' 느낌이 있다. 모든 점에서 우리 석탑의 범례다. 이후 많은 석탑은 세대의 기상은 다르지만 이 탑을 직게 또는 간단히 만든 것이다. 크지만 3층에 불과하고, 그래서 기상이 뛰어나다. 아래는 이 탑에 대한 고유섭의 한사식 평어다.

- 기우호대氣宇浩大: 기개와 도량이 대단히 크다. 기품氣稟에서 호기浩氣 가 넘친다.
- 간가응양間架鷹揚: 칸살의 얽이가 매가 떠오르는 것과 같다. 옥개석의 합각선이 위엄 있게 펼쳐진다.[59]

59. 여기서 간가(間架)는 칸살을 가리키는데, 일반 가옥에서는 한 칸, 한 칸씩 나뉘는 것을 가리킨다. 탑에서는 탑신이 여기에 해당되어 그것이 옥개석을 띄워주고

• 조법주건彫法遒勁: 조각 방법이 굳세고 단단하다. 감실龕室의 모각 등 새김 면이 힘 있다.

• 규격정연規格整然: 규격이 정연하다. 전체적인 비례가 잘 맞는다.

• 안거절대安居絶大: 편안히 안착되어 크게 보인다. 크면서도 안정적이다.

고유섭은 이렇게 평가한다.

2층 기단은 탑신의 존대함을 충분히 받들었고 방대한 탑신은 중후하여 기단을 누르고 주체적인 의미를 잃지 않았다. 고산 밑에 있으되 더욱이 기백은 이를 능가한다. 실로 조선통일삼국통일의 위업을 완수한 신라 그 자신의 위용이 이곳에서 나타나고 있다.[60]

❷ 감은사지 삼층석탑

토암산 동쪽 골짜기에서 발원한 대종천이 동해로 흘러드는 곳에 있다. 연대산 남쪽 산록에 이견대가 있고, 그것의 서쪽 높은 땅에 감은사가 있다. 광막한 경관을 앞에 두고 푸른 동해에는 해중에 대왕암이 있다. 대종천의 어구는 동해로부터 신라 왕경에 이르는 지름길 뱃길이었다. 문무대왕은 통일의 위업을 이룩하여 신라를 반석에 올려놓았고, 왜병을 진압하기 위해 죽어 해룡이 되었다. 아들인 신문왕이 감은사를 세워 금당 밑으로 용이 나다니게 했다. 문무대왕이 창건했다는

있다고 볼 수 있는데, 여기서는 탑신부의 옥신(屋身)보다는 상하를 나누는 옥개석의 낙수면이 살짝 위로 올라간 우동(隅棟; 앙각, 합각선)으로 해석해 본다. '매처럼 하늘로 떠오른다(鷹揚)'는 표현 때문으로, 특히 1층 옥개석이 그렇다. 추녀의 번앙전기(翻仰轉起)를 떠올려도 좋다.

60. 『고유섭 전집』1, 272.

설도 있다. 모두 『삼국유사』 「만파식적」조에 나온다.

고선사지 탑과 비교하면, 감실 모각이 없어 간소하게 보이는데, 가장 이색적인 점은 고선사지 탑의 옥개석은 중후하고 둔중鈍重한 데 비해 이 탑의 그것은 평탄하게 얇으면서도 완만하게 펼쳐져평박완만(平薄緩縵) 가뿐하게 날쌔면서도 굳세고 단단한경첩주건(輕捷遒勁) 느낌을 준다.

그리고 고선사지 탑에 대한 다섯 평가는 감은사지 탑에도 똑같이 적용된다.

❸ 나원리 오층석탑(계탑)

폐사지의 탑인데 절에 대한 기록은 일실되어 알 수 없다. 풍수지리설에 따른 명당이라 풍수가들이 좋아하는 지상地相에 자리한다. 멀리 바라보기 좋은 경관을 갖췄다. 금당 뒤편에 자리하는 것은 양산 통도사에서 일례를 볼 수 있으나 그 의도가 같은 것인지는 알지 못한다. 경주군 내에서는 가장 높은 탑으로 5층 37척대략 11.2m이다. 양식은 고선사지, 감은사지 탑과 동일하나 그 형성 수법에서 하층기단의 갑석甲石, 기단부의 맨 윗돌이 위 두 탑은 14매이나 이 탑은 4매로 조립되었다.

이 탑은 구성에서 자신이 넘쳐 간편함을 주지主旨로 삼아 '한 숨에 뿜어내 이루어내는 힘일기가성(一氣呵成)의 기력(氣力)'으로 만들어졌다. 따라서 고선사지와 감은사지 탑에서 보이는 결구結構, 짜임새에 대한 고심이 없다. 이런 형식의 감정은 낭산 동편 산록의 황복사지추정 3층탑에 인계된다. 이 탑에 대한 고유섭의 평가는 이렇다.

실제에서 이 탑 앞에 설 때에는 먼저 기단의 높이에 놀라게 되는데 그보다도 더욱 놀랄 만한 것은 초층 탑신의 방대함이다. 고선사지 탑의 그것이 장중한 위압임에 대하여 이 탑의 그것은 위세적인 위압이다. 전자는 노성老成한 대인의 풍격을 갖고 후자는 장기壯氣, 장년의 힘에 부富, 가멸찬,

고선사지 삼층석탑 (사진_국립중앙박물관)

세찬한 패자霸者, 패권자의 자태이다. 하나는 장중하고 하나는 숭고하다. (…) 옥개 전각轉角[61]의 양면에 풍탁風鐸, 풍경(風磬)을 달았던 흔적이 있는데 오늘날까지도 남아 있었다면 영롱한 그 묘음 또한 얼마나 아름다웠을 것이냐.[62]

고유섭의 이 탑에 대한 묘사를 보라. 그의 말만 들어도 신라인의 웅혼雄渾한 기개, 위엄 있는 자태, 주체적인 태도, 높은 산을 뛰어넘는 기백, 가뿐하고 날쌔면서도 굳세고 단단함이 느껴지지 않는가. 탑을 구상하면서 자신감이 넘쳐 여러 장치를 고민 없이 과감하게 생략한 것도 신라인의 사자후를 듣는 것 같다.

고선사지와 감은사지 3층탑은 층간의 간격 차이를 크게 두지 않아

61. 각주 59번에서 말한 우동 또는 합각선의 아래로 살짝 위로 올린 곡선 부분.
62. 『고유섭 전집』 1, 278~279.

감은사지 삼층석탑 (사진_문화재청)   나원리 오층석탑 (사진_문화재청)

비례를 중시하고 미적 조심성을 띤다면, 나원리 5층탑계탑(溪塔)은 초층 탑을 방대하게 만들어서 장중한 위압감을 넘어 위세적인 위압감을 느끼게 한다. 3층탑과 5층탑이라는 차이 때문에 그렇게 만들었을 수도 있지만, 고신시지와 간은사지 3층탑은 노련미가 있는 대인의 장중함을 지닌다면 5층 계탑은 장년의 패기가 풍부한 숭고함을 띤다.

많이 보아야 겨우 십수 년의 차이도 안 나는 이 탑들에서 고유섭이 느끼는 기분을 떠올려보자. 조선의 미술은 더 이상 유려하거나 섬세한 데서 그치지 않는다. 계속 일컬어지는 기개로움을 보라. '기우氣宇'는 '호대浩大'하고, '장기壯氣'는 '부富'하여 마침내 '일기가성一氣呵成'으로 '기력氣力'을 펼친다. 기운찬 천하장사의 포효가 아닐 수 없다.

신라 세 탑의 기개는 감정의 형식이 되어 곳곳의 다른 탑으로 이어진다. 고유섭은 그것을 '계맥선繼脈線'이라고 부른다. 고유섭의 피 이야기를 섞어 오늘날의 말로 바꿔 보자면, 탑예술의 동맥動脈과 정맥靜脈이다. 힘찬 모습은 그것의 동맥이 될 것이며, 아름다운 모습은 그것의

－ 고유섭: 한국 현대미학의 탄생

정맥이 될 것이다. 이렇게 통일신라의 위세는 탑의 자신감 속에서 고 스란히 표현되는 것처럼 양력揚力을 받아 역사 속으로 비상飛翔한다.

계맥선은 우리 산하를 바탕으로 주위 경관이나 조망 지점의 다름에 따라 창조적으로 계승되는 맥락이었다. 그것은 한국예술을 한국예술 답게 만드는 전통의 산맥이자, 한국예술가에게 면면히 흐르는 뜨거운 혈맥이었다.

대왕암의 노래

고유섭은 경주에 가면 대왕암을 찾으라고 권유한다. 알다시피 대왕 암은 감은사지 바로 앞 바다에 문무대왕이 묻혔다고 전해지는 돌무덤 을 가리킨다. 해룡이 된 대왕은 감은사 금당으로 드나들었다. 당시 큰 종이 빠졌다고 그렇게 이름 붙인 대종천大鐘川은 넓디넓은 하천이었고 배들이 떠다니던 곳이었다. 중국에서 온 사신도 감은사에서 하룻밤을 머물고 이튿날 경주로 들어섰을 것이다. 요즘 식으로 말하면 해외 사 절단에게 감은사는 '감은스테이'였다.

경주에 가거든 문무왕의 위적偉蹟, 위대한 유적지을 찾으라. 구경거리의 경 주로 쏘다니지 말고 문무왕의 정신을 기려 보아라. 태종무열왕의 위업 과 김유신의 훈공이 크지 아님이 아니나 이것은 문헌에서도 우리가 알 수 있지만 문무왕의 위대한 정신이야말로 경주의 유적에서 찾아야 할 것이니 경주에 가거들랑 모름지기 이 문무왕의 유적을 찾으라. 건천의 부산성도 남산의 신성도 안강의 북형산성도 모두 문무왕의 국방적 경영 이요, 봉황대의 고대도 임해전의 안압지도 사천왕의 호국(사)찰도 모두 문무왕의 정경적 치적이 아님이 아니나 무엇보다도 경주에 가거든 동해

의 대왕암을 찾으라.[63]

고유섭의 「나의 잊히지 못하는 바다」도 대왕암이 있는 용당포의 바다다. 명산대천이 아니어도 사랑할 만한 경관이 있는 곳이다.

> 이곳은 경주 석굴암으로부터 흘러내리는 물이 다른 세류와 합쳐서 대종천을 이루어가지고 동해로 들어가는 곳이니 대종천이 바로 바다로 들어가는 그 어구에 용당산 대본리란 곳이 있고 그 포구 밖에는 오직 한 그루의 암산인 대왕암이란 돌섬이 있을 뿐이다.[64]

그래도 가야 한다. 경주에 가면 반드시 그곳에 들러야 한다. 무한한 이야깃거리가 숨겨져 있는 이 꿈 많은 세계를 가보아야 한다.

고유섭은 그곳에서 〈대왕암의 노래〉라는 시를 남겨 놓았다. 촌부가 가져온 차가운 맥주 한 병에 그는 향연을 누리며 평생 잊히지 못할 청량제를 마신다. 그의 말이 있는데 무슨 말을 덧붙이랴. 그의 시는 대왕임이 보이는 언덕 위에 세워진 이견대利見臺에 현판으로 걸려있으니 가거들랑 노래 부르라. 첫 구절은 차분하게, 마지막 구절은 힘주어 외치라.

대왕의 우국성령憂國聖靈은
소신燒身 후 용왕되사
저 바위 저 길목에
숨어들어 계셨다가

63. 『고유섭 전집』 4, 460.
64. 『고유섭 전집』 4, 450.

해천海天을 덮고 나는
적귀敵鬼를 조복調服, 항복을 받아 제어하시고

(…)
만파식적 어이하고
지금에 감은고탑感恩孤塔만이
남의 애를 끊나니

대종천 복종해覆鐘海를
오작烏鵲, 까마귀아 뉘지 마라
창천蒼天, 푸른 하늘이 무심커늘
네 울어 속절없다.
아무리 미물이라도
뜻있어 운다하더라.[65]

나도 미물이지만 까마귀처럼 단말마斷末摩 소리 내어 울어볼 일이다.
물에 빠졌다는 대종은 찾지 못해도 그 웅장한 소리를 귓전에 떠올려
볼 일이다. 대왕암 바다에 불태워 뿌려진 용왕의 거룩한 꿈에 몸이라
도 담가볼 일이다.

65. 『고유섭 전집』 4, 463~464.

제5장

나가는 말

캉유웨이

야나기

고유섭

미학과 미술사

"철학자가 밥을 빌어먹으면, 고고미술학 전공자는 그 밥을 얻어먹겠다."고 내가 말한 것이 1980년대 초반이다. 황룡사지 구층목탑을 발굴하고 있는 대학원생을 보며 떠올린 생각이다. 까무잡잡한 얼굴에 작은 체구의 발굴단원은 경주의 벌판에서 흙 묻은 솔을 들고 나한테 이것저것을 말해주었다. 그런데 이제 상황은 완전히 역전되었다. 인문대학에 유일하게 연구비가 도는 곳이 고고미술사학과다. 땅만 파면 나오는 유물은 전문가의 손길이 필요했고 발굴비를 건설업체에서 지원하게 되었다.

고유섭은 나의 말이 통용되던 시절의 인물이다. 철학 가운데에서도 미학과 미술사를 전공했으니 말이다. 그러나 그가 남겨준 말은 이제 한국미술사의 보물 같은 언어가 되었다. 그럼에도 그의 미학은 아직도 쉽게 연구되지 못한다.

나는 고유섭을 정리하면서 철학적 배경 없이는 그에 대한 이해가 쉽지 않음을 자주 느꼈다. 게다가 그의 어휘는 한문을 기본으로 하던 세대의 것이라서 한자적 용법에 익숙하지 않은 사람은 무슨 말인지 알아듣기 어렵다. 게다가 일본식 조사는 비슷한 용법을 몇 군데 비교해서 확정하지 않으면 오히려 거꾸로 읽힐 수 있어 조심스럽다. (그래서 쉽게 보라고 애써 다섯 종의 표를 만들었다.)

달리 말하면, 독일철학과 중국철학의 지식에 훈련되지 않고 그것의 일본식 번역어에 생소한 사람은 고유섭의 개념과 표현에 당혹스러워하기 쉽다. 더욱이 그의 개념은 서양식이지만 표현은 순수한 우리말인 경우가 많아 둘 사이의 인력引力과 장력張力을 포착해내지 못하면 말하고자 하는 바를 놓치기 쉽다. 아마도 이런 어려움이 그를 한국 미학사 서술에서 뒷전으로 놓게 된 까닭이 아닐까 추측해본다.

고유섭의 전공은 당시 분류로는 법문학부法文學部의 철학과였고, 그 안에서 미학과 미술사 전공이었다. 알다시피 바로 그 미학은 철학에서 갈라진 한 분파다. 미술사는 배경지식 없이도 역사적으로 접근하는 것이 가능하지만, 미학은 철학적 연습 없이는 동떨어진 소리를 할 수밖에 없다. 다시 말해 미술사는 연구하는 분야에 대한 지식이 많으면 많을수록 성숙한 목소리를 내지만, 미학은 아무리 미학 공부를 열심히 해도 그 개념의 철학사적 의미를 모른다면 '자다가 봉창 두드리는 격'이 되기 쉽다. 그래서 적지 않은 미학 관련 서적이 난삽의 극치를 달린다. 잘 모르니 어려워지는 것이다.

그래서 현재 고유섭에 대한 연구는 미술사가 전담하는 듯 보인다. 고유섭의 미학은 아직까지 함부로 손을 대지 못하고 있는 것이다. 하다못해 고유섭의 탑 연구는 건축학 쪽에서도 오랫동안 탐구되었지만, 고유섭의 미학은 그 위상에 맞는 맥락을 자리매김하고 있지 못하다. 참으로 안타까운 일이다.

멋과 맛

고유섭이 미학을 시각이라는 감각적 요소인 멋과 미각이라는 감각적 요소인 맛으로 분류한 것은 대단한 안목이다. 미학은 감성학이고 감정학이며 감각학이다. 감성에서 감정으로, 감정에서 감각으로 가는 길은 추상성이 구체성으로 회복되는 단계다. 그리하여 가장 기초적인 단계인 감각의 기능 가운데 눈과 입을 빌리고 그것을 대표하는 우리말의 멋과 맛을 제시하여 심미범주를 설정한다. 그리고 맛을 구수함과 고소함이라는 크기로 나눈다. 그러면서도 고소함과 같이 작은 것이 지니고 있는 맵자함은 맛이 아니라 멋의 영역으로 분류하고, 구수함과 같이 큰 것이 지니고 있는 느긋함 또는 넉넉함은 맛의 영역에서 취급함으로써, 멋과 맛의 만남을 상정한다. 맵자한 멋은 느긋한 맛을 바탕으로 한국미의 우수한 특징을 이룬다. 고유섭에 의해 멋과 맛이 한국의 예술에서 통일되는 것이다.

여기서 우리는 다른 감각기능은 어떻게 할 것인가 물을 수 있다. 눈, 귀, 코, 혀, 몸불교식 안이비설신을 기준으로 할 때, 시각과 미각 이외의 청각, 후각, 촉각은 어찌할 것이냐는 물음이다. 꽃냄새와 같이 후각은 미각과 다름에도, 고유섭의 경우, 구수함과 고소함과 같은 후각이 미각에 포함되어 있기 때문에 다른 것으로 칠 수 있다. 그러나 청각과 촉각은 여전히 빠져 있다.

예술품 가운데에서도 미술, 그것도 조형예술을 중심으로 다루었다는 점에서 고유섭이 시각을 중시하는 것은 당연한 일일 것이다. 게다가 시각을 미각과 함께 다루었으니 감각학의 범위를 넓혔다는 점에서 의의가 있다. 그럼에도 우리 예술의 넓고도 넓은 영역인 '소리'와 '춤'이 빠진 것은 지적하지 않을 수 없다. 소리는 귀의 영역으로 청각이고, 춤은 몸의 영역으로 촉각을 넘어 신체감각의 영역까지 확대된다.

고유섭은 미학자이었지만 미술사 전공이었다. 그것은 미학이라는 일본식 번역어에 함몰된 한계였다. 나카에 죠민의 『유씨미학維氏美學, Véron의 심미학』에 머무른 결과였다.

우리는 청각과 신체를 다루는 고유섭 이후의 미학의 등장을 고대한다. 달리 말하면 우리는 고유섭 덕분에 시각적인 '멋'과 미각적인 '맛'을 알게 되었고, '귀'와 '몸'까지도 다루는 한국의 현대미학을 기다릴 수 있게 되었다는 것이다. 고유섭의 범주를 빌려 말해본다면 귀는 맛에, 몸은 멋에 속할 것이다. '소리의 맛구수한 소리'이고 '춤의 멋맵시 있는 몸'이기 때문이다.

멋과 힘

고유섭은 결국 아름다움을 멋과 맛으로 치환하고 있음을 보여준다. 그런데 멋과 맛은 대립되거나 양립하지 않고 멋으로 통일된다. 맛은 멋을 표현하는 은유이자 상징이기 때문이다. 구수한 맛은 느긋한 멋이 있고, 고소한 맛은 맵자한 멋이다. 단적으로 말해 그의 미학은 미학이 아니라 '멋'학이다.

흔히 미학의 주제를 미와 숭고라 한다. 그것은 서양의 미적 범주로 다름 아닌 아름다움과 거룩함을 가리킨다. 마리아의 심성은 아름답고, 예수의 희생은 거룩하다. 칸트의 표현을 빌리자면, 푸른 눈의 금발 여인은 아름답고, 갈색 눈의 검은 머리카락의 남자는 거룩하다. 한마디로, 여자는 아름답고 남자는 거룩해야 한다. 서양예술을 보라. 인간과 자연의 아름다움을 그리든지, 아니면 종교적 거룩함을 담지 않는가.

고유섭은 그것을 넘어 멋이라는 단어를 제시한다. 그가 제시한 '멋, 큰 맛, 작은 맛, 맵자함ᄆᆡᆺ'은 한국 미술의 특징이다. 이 네 가지 특징은 잘 드러날 때도 있고 그렇지 않을 때도 있어, '멋 부리지 않은 멋, 구수한 맛, 고소한 맛, 맵자함'으로 좋게 드러나기도 하지만 '군짓, 무딤, 빡빡함, 헐거움'에 나쁘게 빠져버리기도 한다. 그 모두 한국의 멋이다. 느긋하면서도 맵자함이 있는, 맵자함이 있으면서도 느긋한 멋이다. 느긋하면서도 맵자함이 있는 것이 고려청자라면, 맵자함이 있으면서도 느긋한 것이 조선백자다.

그런데 고유섭은 여기에 탑의 힘참을 덧붙인다. 이른바 기백으로 불리는 탑의 기세는 한국미의 기개를 잘 드러내고 있다. 그런데 이것이 바로 숭고와 직결되고 있다.

서양 미학에서 아름다움에 이어 자주 거론되는 심미 범주가 숭고다.

그리고 숭고는 바로 크기와 관련된다. 숭고는 도덕의 크기, 희생의 크기, 사랑의 크기와 연관되기 때문이다. 예수의 인류를 대신한 속죄 곧 대속代贖, the Redemption은 얼마나 큰가.

고유섭은 숭고라는 표현을 계탑을 형용할 때 직접 쓰기도 하지만 자주 애용하지는 않는다. 그렇지만 그는 그 영역을 몸소 받아들이고 있었다. 탑에서 그 크기를 느꼈으니 말이다. 그것은 신라의 크기, 백제의 크기, 고구려의 크기, 통일신라의 크기, 대가야고령의 크기, 조선의 크기였다. 물질로는 기세를 떨치고, 정신으로는 기개가 높은 우리의 탑이었다. 기세등등氣勢騰騰, 하늘로 날아갈 듯다. 고유섭의 표현대로, 탑의 구성은 '매가 하늘로 떠오른 것 같다間架鷹揚'.

그런 점에서 탑은 힘이다. 탑은 우리의 힘을 대표하고 상징하고 지향한다. 도자기는 아름답고 탑은 힘차다. 미의 도자기와 숭고의 탑을 고유섭은 이렇게 예술적으로 장악한다. 그것은 특수한 작품만을 보는 시각과는 다른 보편적이고 원만한 시점의 설정이었다.

세 사람

캉유웨이는 약해빠진 중국을 목도하고 발분한다. 그의 이상은 강한 중국이었다. 그가 서너 살 때 영불연합군은 이미 서양식 궁궐인 원명원을 쑥대밭으로 만들었다. 그런데 완원이 나타나 '종이의 글씨를 쓰지 말고 돌의 글씨를 쓰자'고 제안한다. 여기서 그는 미학적 전환의 의미를 깨닫고 서예연구에 몰입한다. 내용은 완원을 종지로 삼고, 형식은 포세신을 추존하여 『광예주쌍집』을 짓는다. 그러면서 '한나라 글씨를 쓰자'고 주장한다.

야나기는 귀족적 예술만이 난무한 세상이 싫었다. 이름 없는 사람에

212

의한 예술이야말로 참다운 예술이라고 생각했다. 군국주의자와 자본가가 나라를 휘잡는 세태 속에서 그는 민중예술을 찾았다. 그의 스승은 블레이크였다. 덩치 작은 어린이를 굴뚝과 탄광으로 몰아넣는 산업혁명에 분개한 블레이크의 시를 통해 야나기는 예술적 구원을 만난다. 그리고 민예의 이상적인 모습을 한국에서 찾는다. 그리고는 '슬픈 한국의 선에서 종교적인 구원'을 만난다.

고유섭은 미학을 통해 한국을 말하고 싶었다. 당시 분위기는 철학을 말해도 서양철학이요, 사상을 말해도 외국사상이었다. '우리나라에' 할 일이 무엇인가 그는 물었다. 그래서 그는 한국 미학과 한국 미술에 전념한다. 야나기의 말을 수용하고 그에 대해 정면적으로 반발하지 않았다. 오히려 산천을 누비면서 탑을 찾고, 보고, 느끼고, 노래했다. 그가 한국의 탑으로 말하고 싶은 것은 우리의 기백이었다. 그리고 고유섭의 사상적 스승은 노자였다. 노자가 바로 소박素樸이란 말의 어원이자, 예술처럼 '아무것도 하지 않지만 모두 다 함'의 세계가 버젓이 있음을 말한 철학자다. 고유섭은 노자를 통해 부정의 변증법을 체화한다.

셋은 모두 미학적 전환을 이룬다. 캉유웨이는 종이에서 돌로, 야나기는 이름 있음에서 이름 없음에로, 고유섭은 그릇에서 집탑을 위시한 사찰건축으로 나아간다. 캉유웨이가 부드러운 원필圓筆보다 모난 방필方筆을 선호했다면, 야나기는 천재의 예술에서 민중의 예술을 선택한다. 야나기가 블레이크와 리치 등 영국 작가를 선호했다면, 고유섭은 한국미의 서술에서 노자를 원용했다. 아울러 고유섭은 미추와 시비를 넘어서는 생명의 추구를 우선시했다.

그런 점에서 셋 모두 동양 미학에서 코페르니쿠스적 전환을 이룬 동양 현대미학의 선구자들이다. 그들은 미적 관점도 뒤바뀔 수 있음을 자신들의 고유한 예제로 보여주었다. 캉유웨이는 돌로, 야나기는 그릇으로, 고유섭은 탑으로 보여주었다. 이것은 탈바꿈의 미학이었다.

탈바꿈의 미학

예술의 대상, 탐구의 대상, 심미의 대상이 달라지면 세계가 달리 보인다. 고유섭은 야나기를 직접 언급하므로 그 둘의 관계가 사상적 영향이나 지양 관계에 있음을 알 수 있다. 그런데 여기서 고유섭이 금석학과 관련된 많은 자료를 남긴 것을 안다면 다시금 동양 현대미학의 조류가 어떻게 흘러가는지 엿볼 수 있을 것이다.

근자에 나온 고유섭의 『열화당 전집』 마지막 제10권이 바로 『조선금석학 초고』다. 이를 통해 고유섭은 이미 금석학의 중요성을 알고 있었음이 명확하게 드러난다. 고유섭의 제자이자 한국금석학의 선구자인 황수영은 국립박물관 시절인 1948년에 부여 부소산에서 사택지적비砂宅智積碑를 찾아내어 백제 금석문을 정리하면서 본격적인 금석학 연구를 시작했다고 알려지지만, 스스로 밝히듯이 사실 금석문에 대한 관심은 스승의 인도였다. 일본에서 유학중이던 황수영은 방학 때마다 고유섭을 찾아갔는데 며칠이 걸리는 탁본 일정개풍군 영남면 일대의 여러 사찰 유물 탑본(榻本)에 동행하기도 했다.

모두 황폐한 사지라 탑본을 하기 위하여서는 원근의 촌가를 찾아 사다리를 구하여야만 하였고, 습탑濕榻은 선생이 마련하시기에 밑에서 먹 갈기와 낡은 사다리를 잡는 것이 나의 일이었다.[1]

고유섭은 김정희를 알았다. 그는 신라 진흥왕의 〈순수척경비〉를 설명하면서 『완당집』을 직접 인용한다.[2] 마찬가지로 그는 문헌목록에서

---

1. 『열화당 전집』10, 14. (『한국금석학유문』발문, 일지사, 1994.)
2. 『열화당 전집』10, 110~111.

『완당선생집』을 적어놓았다.[3] 그들은 이렇게 만나고 있었다.

고유섭은 금석학에 관한 이렇다 할 만한 참고서가 없지만 가쓰라 스에지葛城末治가 두 번에 걸쳐 발표한 논문이 있을 뿐이라고 적고 있다.[4] 그러나 만일 고유섭이 김정희에 대해 잘 알았다면, 김정희를 연구한 후지츠카 치카시藤塚鄰(1879~1948)의 영향 때문으로 추측된다. 고유섭은 후지츠카보다 스무여섯 살 아래인데, 후지츠카가 직접 추사를 김완당金完堂이라고 하면서 논문의 주제로 삼은 때가 1935년 이후이니, 고유섭의 생몰시기(1905~1944)에 맞춰보면 30대에 들어서는 후지츠카 교수의 글을 10년은 볼 수 있었을 것이다. 학인의 수가 풍성하지 않고 글의 비중이 오늘날에 비해 막중하던 시절이라는 점을 감안한다면, 후지츠카의 글을 통해 고유섭이 김정희를 나름 의미 있게 여겼다고 추정해볼 수 있다. 설령 금석학운동의 목표와 그 당시까지의 결과를 캉유웨이가 『광예주쌍집』으로 정리한 것을 몰랐을지라도 말이다.

고유섭은 금석학운동을 알지 못했을지라도 금석학운동의 방향과 지향점을 꿰뚫고 있었던 것으로 보인다. 글씨를 말하지 않았을지라도 '대상이 달라지면 품평이 달라진다'는 점을 알고 있었다. 결국 품평의 확대와 다양화는 어떤 예술집단의 성격에 대한 규정조차 다르게 만든다. 한 작가가 일정한 작품만을 쓴 것이 아니라 다른 종류의 작품도 파격적으로 쓴 것을 알 때 그에 대한 평가가 달라지듯이, 조선의 예술도 확대되고 다양화해질수록 그것에 대한 평가는 달라진다. 그래서 일본인 품평가가 도자기와 공예품에 매달릴 때 고유섭은 그의 심미안을 탑으로 넓힌 것이다. 일본인 비평가가 소품에 매달릴 때 한국인 미학자 고유섭은 대작을 발로 뛰며 찾았던 것이다.

3. 『고유섭 전집』 4, 520.
4. 『열화당 전집』 10, 24.

작은 것은 아름다울지라도 힘이 있지 않다. 힘이 있는 것은 크기와 관계한다. 대체로 그렇다. 도자기와 소반은 아름다울지라도 힘이 있다고 말하기 어렵다. 그러나 조선 곳곳에 널려있는 탑은 아름다우면서도 힘이 있었다.

고유섭은 크게 보았다. 고유섭은 비로소 눈을 크게 뜬 최초의 한국 현대미학자였다.

캉유웨이 저작 관련 연보

1858   중국 광저우廣州 난하이南海에서 태어남

1884(26세)   중국판 유토피아를 말하는 『대동서』 집필 시작

1888(30세)   만목초당萬木草堂을 열어 강학, 변법자강책 상소

1889(31세)   『광예주쌍집』 출간

1891(33세)   『신학위경고』(14권) 출간

1895(37세)   청일전쟁 화의를 거부하는 1,200명의 공차상서公車上書

1897(39세)   『공자개제고』(21권) 출간

1898(40세)   무술변법 시행으로 광서제가 캉유웨이의 변법 채택
(무술년)   무술정변 100일 천하

                 위엔스카이袁世凱가 배반하여 서태후西太后에게 밀고

                 광서제 유폐되고 캉유웨이는 일본 망명

                 탄스통譚嗣同은 망명을 거부하고 처형됨

1912(54세)   공자를 신격화하는 공교회孔敎會 조직

1913(55세)   신해혁명(1911) 성공으로 귀국

1919(61세)   『대동서』 출간

1927(69세)   중국 칭다오靑島에서 사망

1935   제자 치엔안딩錢安定이 교정을 본 『대동서』 간행

야나기의 저작 관련 연보*

1889	일본 도쿄에서 해군소장 야나기 나라요시柳橘悅의 아들로 출생
1891(2세)	귀족원 의원이던 아버지 사망
1895(6세)	학습원 초등과 입학 영어 담당은 스즈키 다이세츠선불교 독어 담당은 니시타 키다로교토학파
1910(21세)	잡지 〈시라카바白樺〉 창간 동경대 철학과 입학 도예가 버나드 리치와 교제
1911(22세)	『과학과 인생』 출간
1914(25세)	『윌리엄 블레이크』 출간
1916(27세)	해인사, 불국사, 석굴암 답사
1919(30세)	『종교와 그 진리』 출간 동양대 종교과 교수 임명 〈요미우리신문〉에 「조선인을 생각함」 연재 〈예술〉에 「석굴암의 조각에 대하여」 기고
1922(33세)	『조선의 미술』, 『조선과 그 예술』 출간 7번째 한국 여행1937년 전라도 지역 순회까지 총 20회
1923(34세)	동양대 교수 사임
1929(40세)	하버드대 강의
1931(42세)	월간 〈공예〉 창간, 〈블레이크와 휘트먼〉 창간 아사카와 다쿠미 장례식에 참석

1933(44세)　센슈專修대학 교수 취임

1936(47세)　『다도를 생각한다』 출간

1939(50세)　〈월간 민예〉 창간

1944(55세)　센슈대 교수 사임으로 교직 마감

1949(60세)　회갑 기념 『미의 법문』 출간

1954(65세)　『야나기 무네요시 선집』(전10권) 간행 시작, 이듬해 완간

1959(70세)　〈민예〉에 「조선 도기의 미와 그 성질」 기고

1960(71세)　아사히신문사의 아사히상 수상

　　　　　　『야나기 무네요시 종교 선집』(전5권) 간행 시작, 이듬해 완간

1961(72세)　『법과 미』 출간

　　　　　　뇌일혈로 사망

* 야나기 연보는 『야나기 무네요시 전집』 제22권 하(『柳宗悦 全集』, 筑摩書房)에
  상세하게 있는데, 이를 바탕으로 정리한 이길진(1994)의 것과, 정일성(2007)
  의 것도 참조할 수 있다. 간략한 연보는 아마 토시마(1987)도 정리했는데 센
  슈대 교수 취임을 1940년으로 적고 있다.

고유섭 저작 관련 연보*

1905   한국 인천 출생

1910(5세)   의성사숙意誠私塾에서 한학 공부

1919(14세)   3.1운동 때 3일 구류

1925(20세)   경성대 동아리 문우회文友會에서 이효석 등과 『문우』 발간

1930(25세)   졸업 후 미학연구실 조수로 취업탑과 회화의 기록 발췌 및 필사

1933(28세)   개성부립박물관 관장 취임 후

               학생 황수영도쿄대, 진홍섭메이지대과 작업

1934(29세)   경성대학 중강의실에서 「조선의 탑과 사진전」 개최

               〈동아일보〉에 「우리의 미술과 공예」 연재11회

1935(30세)   〈고려시보〉(격주간)에 '개성고적안내' 연재 등 여러 매체에 기고

1936(31세)   서울에서 1주일 한 번 미술사 강의

               〈진단학보〉 제6권에 「조선탑파의 연구 1」 발표총 3편으로 완결

1939(34세)   『조선의 청자』(일본어)를 일본 호윤샤寶雲社에서 출간

1941(36세)   간경화 진단

1943(38세)   일본에서 「조선탑파의 양식변천」 발표

1944(39세)   간경화로 사망

1946   황수영에 의해 유고 『송도고적』(박문출판사) 출간

1947   『조선탑파의 연구』(을유문화사) 출간

1949   『조선미술문화사논총』(서울신문사) 출간

1954   진홍섭이 번역한 『조선의 청자』(을유문화사) 출간

1958   『전별의 병』(통문관) 출간

1963   『한국미술사급미학논고』(통문관) 출간

1974	30주기를 맞아 문무대왕릉에 우현기념비 건립
	인천시립박물관에 추모비 건립
1980	우현 미술상 제정
1993	『고유섭 전집』전4권(통문관) 간행
1999	동인천역 앞 큰길을 우현로로 명명
2005	진홍섭이 풀어 쓴 선집 『구수한 큰 맛』(다할미디어) 출간
2007	『우현 고유섭 전집』 발간 시작
2013	『우현 고유섭 전집』전10권(열화당) 완간

* 『열화당 전집』 제10권의 연보를 참조했다. 고유섭이 처음 글을 내놓은 때와
곳에 대한 정리는 황수영이 편집한 『고유섭저작목록』(우현상위원회, 1992,
『통문관 전집』 기준)을 보면 되는데, 『열화당 전집』에서는 저작연도를 기준으
로 「고유섭저술목록」(2013, 137~144)으로 다시 정리했으며 이어서 「고유섭
장서목록」 및 자화상을 비롯한 소묘와 사진을 실어놓았다.

인용서목

『고려사』
『공자개제고』
『노자』
『논어』
『대동서』
『맹자자의소증』
『목민심서』
『삼국유사』
『신학위경고』
『열자』
『예주쌍집』
『장자』
『현산어보』

괴테, 『파우스트』.
존 밀턴, 『실락원』.

손과정, 『서보』.
위항, 『서체서세』.

완원, 「남북서파론」.
완원, 「북비남첩론」.

가토 리에(加藤利枝), 권석영, 이병진 외, 『야나기 무네요시와 한국』, 소명출판사,
    2012.
고유섭, 『고유섭 전집』 총10권, 열화당, 2007/2010/2013.
_____, 『고유섭 전집』 총4권, 통문관, 1993.
나카미 마리(中見眞理, 2003) 지음, 김순희 옮김, 『야나기 무네요시 평전』(효형,
    2005).
다카사키 소지(高崎宗司, 1982) 지음, 이대원 옮김, 『조선의 흙이 된 일본인』, 나름,
    1996.(『朝鮮の土となった日本人―淺川巧の生涯』, 草風館.)

_____ 편저, 김순희 · 이상진 옮김, 『浅川巧(아사카와 다쿠미) 일기와 서간』, 야마나시현 호쿠토시(北杜市), 2014.

아마 토시마루(阿滿利麿), 『柳 宗悅 -美の菩薩』, 리브로포토(リブロポート), 1987.

아사카와 다쿠미(淺川巧, 1929/1931) 지음, 심우성 옮김 『조선의 소반 · 조선도자명고』, 학고재, 1996.

야나기 무네요시, 박재삼 옮김(1959), 『조선과 예술』, 범우사, 1989/2017.

_____, 심우성 옮김, 『조선을 생각한다』, 학고재, 1996.

_____, 이길진 옮김, 『조선과 그 예술』, 신구문화사, 1994.

_____, 최재목, 기정희 옮김, 『미의 법문』(전집 18권), 이학사, 2005.

_____, 『柳宗悅 全集』, 제6권(조선 미술 관련), 筑摩書房, 1981.

이데카와 나오키(出川直樹), 『民藝 -理論の崩壊と様式の誕生』, 東京: 新潮社, 1988.

정세근, 『노자 도덕경』, 문예출판사, 2017.

정일성, 『야나기 무네요시의 두 얼굴』, 지식산업사, 2007.

캉유웨이(康有爲, 1889) 지음, 정세근 · 정현숙 옮김, 『광예주쌍집』 상 · 하, 다운샘, 2014.

황수영 편, 『고유섭저작목록』, 우현상위원회, 1992.

민덕기, 「조선을 위해 살다 한국에 묻힌 아사카와 다쿠미(淺川巧)」, 『전북사학』59, 2020.

이병진, 「他者로서의 조선 발견 -아사카와 다쿠미(淺川巧)가 조선에서 쓴 일기를 중심으로」, 『일본학』27, 2008.

조윤정(2008), 「사상의 변용과 예술적 공명, 『폐허』 동인과 야나기 무네요시」, 가토 리에, 권석영, 이병진 외, 『야나기 무네요시와 한국』, 소명출판사, 2012.

『한벽논총』